2020年版

中検2級試験問題

［第98・99回］解答と解説

一般財団法人
日本中国語検定協会 編

白帝社

音声ファイルダウンロードについて

■『中検２級試験問題 2020［98・99 回］』の音声ファイル（MP3）を無料でダウンロードすることができます。
下記サイトにアクセスしてください。
第 98 回
http://www.hakuteisha.co.jp/audio/chuken/2-98.zip
第 99 回
http://www.hakuteisha.co.jp/audio/chuken/2-99.zip

■ 本文中の マークの箇所が音声ファイル（MP3）提供箇所です。
ファイルは ZIP 形式で圧縮された形でダウンロードされます。
会場での受験上の注意を収録したトラック 01，02，44 の番号は，本書「問題」部分には記していません。

■ スマートフォンで音声ダウンロードと再生を行う場合の参考情報は，p.v をご覧ください。

■

ご注意

＊ 音声の再生には，MP3 ファイルが再生できる機器などが別途必要です。
＊ ご使用機器，音声再生ソフトに関する技術的なご質問は，ハードメーカー，ソフトメーカーにお問い合わせください。

音声ダウンロードファイルをご利用できない場合は CD をお送りします。
葉書あるいはメールに必要事項（①『中検２級試験問題 2020［98・99 回］』の CD 希望，②お送り先の住所，③氏名）を明記の上，下記宛にお申し込みください。

171-0014 東京都豊島区池袋 2-65-1　白帝社 CD 係
info@hakuteisha.co.jp

まえがき

私たちの協会はこれまで各回の試験が終わるごとに級別に試験問題の「解答解説」を発行し，また年度ごとに3回の試験問題と解答解説を合訂した「年度版」を公表してきました。これらは検定試験受験者だけでなく，広く中国語学習者や中国語教育に携わる先生方からも，大きな歓迎を受けてきましたが，ただ主として予約による直接購入制であったため，入手しにくいので一般の書店でも購入できるようにしてほしいという声が多く受験者や学習者から寄せられていました。

その要望に応えるため，各回版と年度版のうち，「年度版」の発行を2013年度実施分より中国語テキストや参考書の発行に長い歴史と実績を有する白帝社に委ねることにしました。「各回版」の方は速報性が求められ，試験終了後直ちに発行しなければならないという制約を有するため，なお当面はこれまでどおり協会が発行し，直接取り扱うこととします。

本書の内容は，回ごとに出題委員会が作成する解答と解説に準じていますが，各回版刊行後に気づいた不備，回ごとの解説の粗密や記述体裁の不統一を調整するとともに，問題ごとに出題のねらいや正解を導くための手順を詳しく示すなど，より学習しやすいものになるよう配慮しました。

本書を丹念に読むことによって，自らの中国語学習における不十分なところを発見し，新しい学習方向を定めるのに役立つものと信じています。中国語学習者のみなさんが，受験準備のためだけでなく，自らの学力を確認するための目安として本書を有効に活用し，学習効果の向上を図られることを願っています。

2020年5月

一般財団法人 日本中国検定協会

本書について

本書は，日本中国語検定協会が2019年度に実施した第98回（2019年6月），第99回（2019年11月）中国語検定試験の問題とそれに対する解答と解説を実施回ごとに分けて収め，リスニング問題の音声ファイルをダウンロードするようにしたものです。

問　題

・試験会場で配布される状態のものに，音声のトラック番号を 03 のように加えています。ただし，会場での受験上の注意を収録したトラック01，02，44は記していません。

解答と解説

・問題の最初に，出題の形式や狙いと細かい配点を示しています。
・４択式の解答は白抜き数字❶❷❸❹で，記述式の解答は太字で示しています。解説は問題ごとに　　　内に示しています。
・長文問題の右側の数字は，５行ごとの行数を示しています。
・比較的難読と思われる語句にピンインをつけています。表記は原則として《现代汉语词典 第7版》に従い，一般的に軽声で読まれるものは軽声で示しています。“不”“一”の声調は変調したものを示しています。
・理解の助けとなるよう，語釈を加えています。
・全体に日本語訳をつけています。
・解答の選択肢となっている語句に語釈をつけています。品詞や意味が複数ある場合は，解答となりうる可能性が比較的高いものを選んで記しています。
・品詞，術語の略称は次のとおりです。

名	名詞	動	動詞	形	形容詞
代	代詞	量	量詞（助数詞）	助動	助動詞
副	副詞	介	介詞（前置詞）	接	接続詞
助	助詞	感	感嘆詞	擬	擬声語
数量	数量詞				
成	成語	慣	慣用句	諺	ことわざ

・音声のトラック番号は，04 のように示し，繰り返しのものを割愛しています。

『中検２級試験問題 2020［第 98・99 回］解答と解説』

以下，お詫びして訂正します。

21 頁注釈２行目　考试：名 → 考试：動

24 頁 11 行目　慷慨（kānggǎi）→ 慷慨（kāngkǎi）

29 頁４行目　③给（gěi → ③件（jiàn

33 頁(9)　③生气（shelngqì → ③生气（shēngqì

37 頁(10)　③不由得（bùyóudede → ③不由得（bùyóude

39 頁２行目　甚：動勝る，上回る → 甚：形甚だしい

71 頁(4)　③探望（tàiwàng → ③探望（tànwàng

72 頁(5)　③哪里（náli → ③哪里（nǎli

73 頁(8)　③打听（dǎtīng → ③打听（dǎting

82 頁注釈３行目　毫：副少しも，ちっとも。“毫无”は「少しも…していない，いささかも…がない」→ 毫无：少しも…していない，いささかも…がない

82 頁注釈 10 行目　居然：形 → 居然：副

82 頁注釈下から２行目　无理：動道理である，理不尽である → 无理：動道理がない，理不尽である

解答用紙見本

・巻末にマークシート式の解答用紙の見本（70%縮小）があります。記入欄を間違えないように，解答欄の並び方を確認しましょう。

参考情報 スマートフォンで音声ダウンロードと再生を行う手順

各回の URL と QR コード：

98 回は　http://www.hakuteisha.co.jp/audio/chuken/2-98.zip

99 回は　http://www.hakuteisha.co.jp/audio/chuken/2-99.zip

・Clipbox を使う場合

① **iPhone** は，App Store から Clipbox Zip（解凍用アプリ）をダウンロードします。聞きたい回の URL を入力すると，音声ダウンロードページが現れます。

② ダウンロードしたいものを選択（タッチ）します。

③ 「Clipbox Zip にコピー」を選択します。

④ 出てきた Zip を選択します。

⑤ 「解凍します」を選択します。

⑥ 聞きたいトラック番号を選択して，音声を再生します。

① **Android** は，Play ストアから Clipbox+ をダウンロードします。

② 「クリップ」を選択（タッチ）し「URL」入力画面にダウンロードする回の URL を入力します。

③ 「OK」を選択して、TOP に戻り保存場所を選択します。

④ フォルダを選択すると「解凍しますか」が表示され，「OK」を選択すると，解凍された mp3 ファイルが現れます。

⑤ 聞きたいトラック番号を選択して音声を再生します。

・Easy Zip を使う場合

① App Store から Easy Zip（解凍用アプリ）をダウンロードします。

② ダウンロードする回の URL を入力すると，音声ダウンロードページが現れます。

③ ダウンロードしたいものを選択（タッチ）します。

④ 「“Easy Zip” で開く」を選択します。

⑤ 出てきた Zip を選択します。

⑥ 「解凍します」を選択すると，黄色いフォルダが作成されます。

⑦ 聞きたいトラック番号を選択して，音声を再生します。

目　次

第 98 回

(2019 年 6 月)

問　題

解答時間：計 120 分

配点：リスニング 100 点，筆記 100 点

解答と解説

リスニング （⇨解答と解説14頁）

03 **1** 1. (1)〜(5)の A の発話に対する B の問いの答えとして最も適当なものを，それぞれ①〜④の中から１つ選び，その番号を解答欄にマークしなさい。 (25 点)

04 (1)

① ② ③ ④

05 (2)

① ② ③ ④

06 (3)

① ② ③ ④

07 (4)

① ② ③ ④

08 (5)

① ② ③ ④

09 2. ⑹〜⑽のAとBの対話を聞き，Bの発話に続くAのことばとして最も適当なものを，それぞれ①〜④の中から1つ選び，その番号を解答欄にマークしなさい。

(25点)

10 ⑹

① ② ③ ④

11 ⑺

① ② ③ ④

12 ⑻

① ② ③ ④

13 ⑼

① ② ③ ④

14 ⑽

① ② ③ ④

15 **2** 中国語を聞き，(1)～(10)の問いの答えとして最も適当なものを，それぞれ①～④の中から１つ選び，その番号を解答欄にマークしなさい。 (50点)

16 メモ欄

23

17

24

18 (1)

25 ① ② ③ ④

19 (2)

26 ① ② ③ ④

20 (3)

27 ① ② ③ ④

21 (4)

28 ① ② ③ ④

22 (5)

29 ① ② ③ ④

30 メモ欄

37

31

38

32 (6)

39 ① ② ③ ④

33 (7)

40 ① ② ③ ④

34 (8)

41 ① ② ③ ④

35 (9)

42 ① ② ③ ④

36 (10)

43 ① ② ③ ④

筆　記

（⇨解答と解説24頁）

1 次の文章を読み，(1)～(10)の問いの答えとして最も適当なものを，それぞれ①～④の中から１つ選び，その番号を解答欄にマークしなさい。　(20点)

老张喜欢喝茶，每天上班后第一件事就是先 [(1)] 一杯茶，然后看报纸，然后再干工作。

老张喝的茶叶都是自己掏钱买的，而且都挺贵的。虽然办公室也有公司花钱买的茶叶，但都不是什么好茶，老张 [(2)]，所以他从来不喝。

除了老张，办公室里的其他人是不喝茶的。公司的茶叶也 [(3)] 来客人时，[(3)] 能派上用场。

可是，来办公室的客人中，有因公的，有因私的，有熟悉的，有陌生的。大凡来了领导或者某位同事的近亲至友，公司的茶叶是拿不出手的，[(4)] 同事就自然而然地想到了老张的茶叶。老张的茶叶就放在办公桌左边的抽屉里，也不上锁，取 [(5)] 很方便，喝 [(5)] 又很香，更主要的，老张一向是个慷慨大方的人，所以，只要办公室有客人来，而公司的茶叶上不了场的时候，老张的茶叶就会被用来招待客人。开始，老张并没有在意，不管怎么说，别人喝了他的茶叶，是一定会领他这 [(6)] 人情的。钱能买来茶叶，却难买到人情。这么一想，老张的心里也就(7)宽慰了许多。

可是时间一久，问题就出来了。老张在的时候，有人想用茶叶，也不跟他 [(8)] 招呼，自己就直接开抽屉去取；老张不在，茶叶被人用了，过后也没人跟他说一声。老张心里说：喝我的茶叶我不嫌，可总得跟我说一声，总得领我这个人情吧!

一连几天，办公室的人都发现老张只喝白开水，就深感奇怪。老张说：“前两天看了一篇报道，说像我这个年龄的人茶喝多了不好。没办法，只得忍痛割爱，戒了。”说完，老张就伸手，从抽屉里取出茶叶罐：“这里还有一些，哪位需要，就随便用。”在场的几个同事齐声夸道：“老张，你真 [(9)]！”

老张下了班回家，进门第一件事就是赶紧先 [(10)] 一壶好茶。

⑴ 1行目と最終行の2か所の空欄⑴を埋めるのに適当な同一の語は，次のどれか。

① 浇　② 泡　③ 涮　④ 洗

⑵ 空欄⑵を埋めるのに適当なものは，次のどれか。

① 看不了　② 看不到　③ 看不上　④ 看不完

⑶ 2か所の空欄⑶を埋めるのに適当なものは，次のどれか。

① 虽然…但…　② 即使…也…　③ 只要…就…　④ 只有…才…

⑷ 空欄⑷を埋めるのに適当なものは，次のどれか。

① 由于　② 然而　③ 于是　④ 并且

⑸ 2か所の空欄⑸を埋めるのに適当な同一の語は，次のどれか。

① 上来　② 过来　③ 起来　④ 进来

⑹ 空欄⑹を埋めるのに適当なものは，次のどれか。

① 场　② 份　③ 件　④ 套

⑺ 下線部⑺の正しいピンイン表記は，次のどれか。

① kuānyì　② kuǎnwèi　③ kuǎnyì　④ kuānwèi

⑻ 空欄⑻を埋めるのに適当なものは，次のどれか。

① 打　② 说　③ 给　④ 用

⑼ 空欄⑼を埋めるのに適当なものは，次のどれか。

① 讲排场　② 够意思　③ 逞英雄　④ 摆架子

⑽ 本文の内容と一致するものは，次のどれか。

① 老张自费买茶是为了招待客人的。

② 老张对同事们随便用他的茶叶心里有想法。

③ 老张经常主动地用自己的茶叶招待客人。

④ 老张看了一篇报道后就不再喝茶了。

2 1. ⑴～⑸の文①～④の中から，正しいものを１つ選び，その番号を解答欄にマークしなさい。 (10 点)

⑴ ① 开会日期推迟到下周，以便有充裕时间的准备。
② 开会日期推迟到下周，以便有充裕的准备时间。
③ 开会日期推迟到下周，以便有准备的时间充裕。
④ 开会日期推迟到下周，以便有准备充裕的时间。

⑵ ① 未成年人就是也得负责对自己做的事。
② 就是未成年人对自己做的事得也负责。
③ 未成年人也得对自己做的事负责就是。
④ 就是未成年人也得对自己做的事负责。

⑶ ① 这件事直到他辞职当天我才知道。
② 这件事他直到辞职当天我才知道。
③ 这件事直到他辞职我当天才知道。
④ 这件事我直到他才辞职当天知道。

⑷ ① 到了云南，我一定寄点儿当地的特产给你们来。
② 到了云南，我给你们一定寄当地的特产来点儿。
③ 到了云南，我一定给你们寄点儿当地的特产来。
④ 到了云南，我来寄点儿当地的特产一定给你们。

⑸ ① 我们的产品一点儿不比都其他公司的差。
② 我们的产品都不比一点儿其他公司的差。
③ 我们的产品一点儿不都比其他公司的差。
④ 我们的产品一点儿都不比其他公司的差。

2. ⑹～⑽の文の下線を付した語句の意味として最も適当なものを，それぞれ①～④の中から１つ選び，その番号を解答欄にマークしなさい。 (10点)

⑹ 每当闲得无聊的时候，她总会拿出小时候的相册来看看。

① 没把握　② 没意思　③ 没脾气　④ 没商量

⑺ 5G时代即将来临，政府已经出台了相应的政策。

① 展示　② 公布　③ 表演　④ 促进

⑻ 看来他根本就没领会我的意思。

① 知道　② 体察　③ 表达　④ 理解

⑼ 她男朋友很优秀，对她也特别好，唯一的缺点是爱吃醋。

① 忌妒　② 发火　③ 生气　④ 担心

⑽ 他没什么本事，除了喜欢吹牛皮，什么正事儿都不做。

① 说谎话　② 说大话　③ 说好话　④ 说脏话

3 ⑴～⑽の文の空欄を埋めるのに最も適当なものを，それぞれ①～④の中から１つ選び，その番号を解答欄にマークしなさい。 (20点)

⑴ 她穿的那条裙子的款式早就（　　　）了。

① 过期　② 过时　③ 过年　④ 过分

⑵ 机器出了点儿问题，但并没有你说的那么（　　　）。

① 严格　② 关键　③ 严重　④ 首要

⑶ 他就是能力强，这么棘手的事儿处理得多（　　　）啊！

① 美丽　② 清楚　③ 动听　④ 漂亮

⑷ 那婴儿是不是饿了，怎么不停地（　　　）大哭？

① 哇哇　② 呜呜　③ 咯咯　④ 咪咪

⑸ 昨天我们参观工厂，受到了厂方的（　　　）接待。

① 热烈　② 温和　③ 温暖　④ 热情

⑹ 目前局势还不明朗，所以很多人都持（　　　）的态度。

① 瞭望　② 观望　③ 看望　④ 盼望

⑺ 听到他说了几句安慰的话，一（　　　）暖流涌上我的心头。

① 条　② 股　③ 根　④ 本

⑻ 持续的炎热天气，造成电力供应（　　　）。

① 紧张　② 紧急　③ 紧缩　④ 紧凑

⑼ 我们在一起工作了很多年，她对我一直都很（　　　）。

① 照顾　② 照料　③ 照常　④ 照看

⑽ 外面雨下得这么大，（　　　）她今晚还能不能来。

① 不值得　② 不懂得　③ 不由得　④ 不晓得

4 次の文章を読み，(1)～(5)の問いの答えとして最も適当なものを，それぞれ①～④の中から１つ選び，その番号を解答欄にマークしなさい。また，下線部(a)・(b)を日本語に訳し，解答欄(6)に書きなさい。 (20点)

日本几乎每家每户的门口都有写着自己姓氏的牌子，日语叫“表札”，有点儿像中国过去的牌匾。中国古时候，高级官吏或者有钱人家的门上也有类似日本“表札”的东西，写着“陈府”“王宅”等，是一种身份和地位的象征。

明治维新之前，日本平民没有姓氏。明治维新以后，日本开始在平民阶层普及姓氏。“表札”出现在大正时期，与1923年的关东大地震密切相关。地震 [　(1)　] 大量房屋倒塌，再加上震后大火，原来的街区成为了一 [　(2)　] 废墟，面目全非。地震后有很多人与家人一时失散，为了寻找家人，也为了让家人能够找到自己的家，就把自己的姓氏挂在门口。“表札”从此传布到日本各地，并一直延续到现在。

“表札”就像是一张名片，对日本人有着十分重要的意义。跟其他国家不同，居住地址可以说就是日本人的身份证。日本人 [　(3)　] 搬到哪里，[　(3)　] 需要到当地区役所或市役所登记地址，并把“表札”挂在门上。日本人普遍都会精心对待“表札”，所用材料各种各样，有大理石的，玻璃的，木头的等等。(a)<u>有很多日本人甚至还会委托专门制作“表札”的工匠，把“表札”做得跟艺术品一样。</u>最普通的“表札”价格也得相当于五六百块人民币呢！

日本虽然有像“佐藤”“铃木”“高桥”“田中”这样的“大姓”，但所谓“大”也只是相对其他姓氏而言。日本有二十多万个姓氏，两千多个常用汉字随便组合，都可能是一个姓氏。而明治政府为了便于管理，强制性要求平民在短时间内拥有姓氏。(b)<u>当时平民识字率很低，只能仓促取姓，山名、地名、草木名，能用的都用上了。</u>

中国人自古重视姓氏，日本人似乎比中国人更甚，古代的日本社会把拥有姓氏作为一种权贵的象征。平民姓氏的普及只有一百多年，把自己的姓氏挂在门上依然是一种荣耀，用姓氏光宗耀祖更是很多人毕生的追求。这也是很多日本企业创建者 [　(4)　] 自己的姓氏作为企业名称的原因之一，比如三井、松下、本田、丰田等等。

(1) 空欄(1)を埋めるのに**適当でないもの**は，次のどれか。

① 至于　② 使得　③ 导致　④ 致使

(2) 空欄(2)を埋めるのに適当なものは，次のどれか。

① 片　② 块　③ 遍　④ 场

(3) 2か所の空欄(3)を埋めるのに適当なものは，次のどれか。

① 不但…而且…　② 无论…都…　③ 与其…不如…　④ 除非…才…

(4) 空欄(4)を埋めるのに適当なものは，次のどれか。

① 对　② 给　③ 使　④ 以

(5) 本文の内容と一致するものは，次のどれか。

① 中国人至今还在家门上挂牌匾。

② 日本人没中国人那么看重姓氏。

③ 日本“表札”的制作价格并不算低。

④ 从明治时代起日本就开始挂“表札”。

(6) 下線部(a)・(b)を日本語に訳しなさい。

5 ⑴〜⑸の日本語を中国語に訳し，解答欄に書きなさい。 (20点)

⑴ こんなにたくさんの人名をどうして覚えられようか。

⑵ ホテルの駐車場はいっぱいである。

⑶ ご相談したいことがあります。

⑷ 張先生に会いたければ，少し早めに来なければなりません。

⑸ 最近わたしは国際情勢に関する本を何冊か読みました。

リスニング （⇨問題 2 頁）

1

解答：(1)❶　(2)❸　(3)❷　(4)❸　(5)❷　(6)❹　(7)❷　(8)❸　(9)❷　(10)❸

1．A の発話に対する B の問いの答えを選びます。日常会話の一言を聞き取り，すばやく状況をつかむ能力を問います。　（各 5 点）

04 (1) A：这是四川的担担面，快点儿吃吧，凉了就不好吃了。（これは四川のタンタン麺です。早く食べてください。冷めるとおいしくなくなります。）

B：说话人的意思是：（話し手が言っている意味は？）

❶ 担担面要趁热吃才好吃。
（タンタン麺は熱いうちに食べてこそおいしい。）

② 担担面要加点儿盐才好吃。
（タンタン麺は塩を少し入れてこそおいしい。）

③ 担担面要凉了以后再吃。
（タンタン麺は冷ましてから食べなければならない。）

④ 四川人吃担担面吃得很慢。
（四川人はタンタン麺を食べるのが遅い。）

05 (2) A：给您登机牌儿，请在 73 号登机口登机，预计两点半登机。（搭乗券を差し上げます。73 番の搭乗口でご搭乗ください。2 時半の搭乗予定です。）

B：说话人在做什么？（話し手は何をしているか。）

① 通知客人去机场的时间。（客に空港に行く時間を知らせている。）

② 为客人办理入住手续。（客に入居手続きをしている。）

❸ 为乘客办理登机手续。（乗客に搭乗手続きをしている。）

④ 通知乘客快要登机了。（乗客に間もなく搭乗することを知らせている。）

06 (3) A：你的 X 光检查没问题，不用住院，回家观察几天吧。
（あなたのレントゲン検査は問題ありませんでした。入院する必要はないので，家に帰って数日様子を見てください。）

B：说话人在干什么？（話し手は何をしているか。）

① 在医院门诊挂号。（病院で外来診察の受付をしている。）

❷ 在给病人看病。（患者の診察をしている。）

③ 在做化学实验。（化学実験をしている。）

④ 在请医生开药。（医者に処方箋を出してもらっている。）

07 (4) A：今天期末考试，你怎么还来晚了呢？

（きょうは期末試験なのに，あなたはどうして遅刻したのですか。）

B：说话人的意思是：（話し手が言っている意味は？）

① 你今天迟到也没关系。（あなたはきょう遅刻しても大丈夫だ。）

② 我今天不得已才迟到。（わたしはきょうやむを得ず遅刻した。）

❸ 你今天不应该迟到。（あなたはきょう遅刻すべきではなかった。）

④ 我今天并没有迟到。（わたしはきょう別に遅刻しなかった。）

08 (5) A：我今晚得加班，回来得晚，你和孩子先吃吧。（わたしは今夜残業しなくてはならず，帰るのが遅くなるから，あなたと子どもは先に食べなさい。）

B：说话人的意思是：（話し手が言っている意味は？）

① 我今晚早点儿回家。（わたしは今夜早めに家に帰る。）

❷ 不用等我吃晚饭了。（わたしが帰るまで夕食を待つ必要はない。）

③ 你和孩子先睡吧。（あなたと子どもは先に寝なさい。）

④ 我吃了晚饭再加班。（わたしは夕食をとってから残業をする。）

2. AとBの対話に続くAのことばを選びます。日常会話の短い対話を聞き取り，すばやく状況をつかんで反応する能力を問います。 （各5点）

10 (6) A：你不是说上午要去同学家吗，怎么还不起床啊？（あなたは午前中に友達の家に行くと言っていたではないの。どうしてまだ起きないの？）

B：不是上午，是下午！（午前じゃなくて，午後だよ。）

A：① 那说好了，咱们下午见。（では，約束したよ。午後に会おう。）

② 那今天早点儿睡觉吧。（では，きょうは早めに寝なさい。）

③ 那你得赶紧起床啊。（では，あなたは早く起きなければなりません。）

❹ 那你再睡一会儿吧。（では，あなたはもう少し寝ていれば。）

11 (7) A：明天晚上6点半咱们单位开春节联欢会，你可别晚了！

（あしたの晩6時半にうちの職場で新年会がある。遅刻しないように。）

B：好的，联欢会在哪儿开啊？

（分かりました。新年会はどこでやるのですか。）

A：① 我一会儿就把时间告诉你。（後ですぐ時間を知らせるよ。）

❷ 我一会儿就把地址告诉你。（後ですぐ場所を知らせるよ。）

③ 我准备5点多从家里走。(わたしは5時過ぎに家を出るつもりです。)

④ 我打算在家里看电视。(わたしは家でテレビを見るつもりです。)

12 (8) A：你打了几年网球了？ 水平不一般啊！

(あなたはテニスを何年やっているのですか。並みのレベルではないですね。)

B：我从初中就开始打了，现在每星期还打三次呢。

(わたしは中学から始めました。いまでも週3回やっています。)

A：① 怪不得你网球打得这么差。

(あなたがテニスがこんなに下手なのももっともだ。)

② 想不到你不喜欢打网球。

(あなたがテニスを好きではないとは思わなかった。)

❸ 怪不得你打得这么好。(道理であなたはこんなに上手なわけだ。)

④ 想不到你还跟初中生一起打。

(あなたがまだ中学生と一緒にやっているとは思わなかった。)

13 (9) A：今天是旅游的最后一天，上午参观博物馆，午饭后去机场。(きょうは旅行の最終日です。午前は博物館を参観し，昼食後空港へ行きます。)

B：我还想买点儿纪念品，有购物时间吗？ (わたしはまだお土産をちょっと買いたいのですが，買い物の時間はありますか。)

A：① 我们先吃午饭，然后再去参观博物馆。

(わたしたちは先に昼食をとってから，博物館へ参観に行きます。)

❷ 去机场前有一个小时时间，可以买东西。

(空港へ行く前に1時間ありますから，買い物ができます。)

③ 坐飞机一个小时左右就可以到东京了。

(1時間ほど飛行機に乗れば東京に着きます。)

④ 请大家明天早上8点半在酒店大厅集合。

(皆さん，あしたの朝8時半にホテルのロビーに集合してください。)

14 (10) A：我后天去深圳出差，你说是坐高铁去好，还是自己开车去好？

(わたしはあさって深圳に出張します。高速鉄道で行ったほうがよいか，それとも自分で車を運転して行ったほうがよいか，どっちがよいでしょうか。)

B：坐高铁又快又舒适，开车太累了。

(高速鉄道で行けば速いし快適です。車を運転するのはとても疲れますよ。)

A：① 那我还是自己开车去吧。

(では，やはり自分で車を運転して行きましょう。)

② 你是反对我坐高铁去吗?
（あなたはわたしが高速鉄道で行くことに反対なのですか。）

❸ **那我就坐高铁去吧。**（では，高速鉄道で行きましょう。）

④ 你是建议我开车去吗?
（あなたはわたしが車を運転して行くように勧めるのですか。）

2 **500字程度の2つの文章を聞き，内容についての問い5問ずつに答えます。ポイントとなる内容を聞き取り，全体の趣旨をつかむ能力を問います。**（各5点）

解答：(1)❷　(2)❸　(3)❹　(4)❷　(5)❶　(6)❶　(7)❹　(8)❸　(9)❷　(10)❹

(1)～(5)の中国語

16 春节快要到了，去哪里旅游你决定了吗？如果你还没有决定，你可以选择去北海道，因为我认为冬季是去北海道旅游的最佳季节。

十几年前，中国拍摄（pāishè）了一部以北海道为外景的电影。电影上映后，无数的中国观众被北海道夏季的美丽景色所感动，从此北海道开始成为中国人喜爱的一个旅游地，很多人特意去北海道寻找电影里的场景。

北海道的夏天固然好，但我觉得北海道的冬天更值得一看。比如每年2月举办的札幌冰雪节，可以看到来自世界各地的雪雕（xuědiāo）艺术家的冰雪雕刻（diāokè）作品。此外，北海道其他地方也都会举办以冰雪为主题的各种活动。

17 去北海道旅游还少不了（shǎobuliǎo）泡（pào）温泉（wēnquán）。北海道的温泉酒店（jiǔdiàn）很多，价格也不算很贵，很多酒店还有露天（lùtiān）温泉。要是遇上下雪天，泡在暖乎乎（nuǎnhūhū）的露天温泉里，看着天空雪花飘落（piāoluò），仿佛（fǎngfú）进入了一个童话世界。

北海道的美食（měishí）也是令人难忘的，其中海鲜料理是一大特色，特别是螃蟹（pángxiè），味道十分鲜美（xiānměi）。给你一个建议，吃海鲜最好去海鲜餐厅吃自助餐（zìzhùcān）。那里海鲜种类多，而且可以随意选择，听不懂日语也没关系。另外，到了北海道，一定要吃一顿正宗（zhèngzōng）的札幌拉面（lāmiàn），因为它是日本很有名的一种拉面。

看冰雪美景，泡露天温泉，吃美味海鲜，北海道的冬天不会让你失望。

拍摄：動撮影する。“拍摄外景”は「ロケーションをする」

外景：[名]ロケーション

场景：[名]場面，シーン

固然：[接]もとより（…であるが）。“但”“但是”などと呼応する

雪雕：[名]雪の彫刻

冰雪：[名]氷雪

雕刻：[名]彫刻品

少不了：[動]なくてはならない，欠くことができない

泡：[動]浸る。“泡温泉”で「温泉につかる」

酒店：[名]（比較的大きな設備の整った）ホテル

暖乎乎：[形]ぽかぽかと暖かい

飘落：[動]舞い落ちる

仿佛：[副]あたかも…のようだ

鲜美：[形]味がよい，おいしい

建议：[動]提案する，すすめる

自助餐：[名]バイキング方式の料理

正宗：[形]本場の

中国の人びとに北海道を強く印象づけた中国映画

訳：間もなく春節がやって来ます。あなたはどこへ旅行に行くか決めましたか。もしもまだ決めていないのなら，北海道に行くことを選択するのがよいでしょう。というのも冬が北海道旅行の一番いい季節だと思うからです。

十数年前，中国で北海道をロケ地とした映画が撮られました。映画が上映されると多くの中国の観衆は北海道の夏の美しい景色に感動しました。それ以後，北海道は中国人が好む旅行地となり，多くの人がわざわざ映画のシーンを訪ねて北海道へ行きました。

北海道の夏はもとよりすばらしいのですが，わたしは北海道の冬はさらに一見の価値があると思います。例えば毎年２月に行われる札幌雪祭りは，世界各地から来る雪彫刻の芸術家の氷雪彫刻作品を見ることができます。また，北海道のそのほかの所でも氷雪をテーマとしたいろいろなイベントが行われます。

北海道旅行には温泉も欠かせません。北海道の温泉旅館はたくさんあり，値段も高くありません。多くのホテルには露天温泉もあります。もし雪が降っている日であれば，ほかほか暖かい露天温泉につかり，空から雪の花が舞い落ちるのを見ていると，まるで童話の世界に入ったかのような気分になります。

北海道のおいしい食べ物もいっそう忘れがたく，中でも海鮮料理は大きな特色があり，特にカニは味がとてもすばらしい。海鮮を食べるのに一番のお勧め

は，海鮮レストランに行ってバイキングを食べることです。そこは海鮮の種類が多く，自由に選択でき，日本語が分からなくても大丈夫です。また，北海道に行ったら，必ず本場の札幌ラーメンを食べてください。それは日本でとても有名なラーメンなのです。

氷雪の美しい風景を見て，露天温泉につかり，おいしい海鮮を食べる。北海道の冬はあなたを失望させることはないでしょう。

18 (1) 問：作者为什么建议春节去北海道旅游?
(作者はなぜ春節に北海道へ旅行に行くことを勧めるのか。)

答：① 因为春节期间北海道旅游价格便宜。
(春節の期間，北海道旅行は値段が安いから。)

❷ 因为冬天是北海道旅游的最好季节。
(冬は北海道旅行の一番いい季節だから。)

③ 因为春节旅游的人只能选择去北海道。
(春節に旅行に行く人は北海道しか選べないから。)

④ 因为在北海道也可以看到中国电影。
(北海道でも中国映画を観ることができるから。)

19 (2) 問：中国人开始喜欢去北海道旅游的原因是什么?
(中国人が北海道旅行に行くのが好きになり始めた原因は何か。)

答：① 因为在北海道可以吃到正宗的札幌拉面。
(北海道では本場の札幌ラーメンが食べられるから。)

② 因为北海道每年都举办冰雪节。
(北海道は毎年雪祭りを催しているから。)

❸ 因为在北海道拍摄过一部中国电影。
(北海道で中国映画を撮ったことがあるから。)

④ 因为中国人喜欢在北海道拍摄的日本电影。
(中国人は北海道で撮った日本映画が好きだから。)

20 (3) 問：北海道的温泉酒店怎么样?　(北海道の温泉旅館はどうか。)

答：① 有露天温泉的酒店价格比较贵。
(露天温泉がある旅館は値段が割合に高い。)

② 都有露天温泉，价格也不算贵。
(どこも露天温泉があり，値段も高くない。)

③ 温泉种类很多，价格不算便宜。
（温泉の種類が多く，値段は安くない。）

❹ **大多有露天温泉，价格比较便宜。**
（多くの旅館に露天温泉があり，値段は割合に安い。）

21 (4) 問：作者建议中国游客在哪里吃海鲜？
（作者は中国人観光客にどこで海鮮を食べることを勧めているのか。）

答：① 在温泉酒店。（温泉旅館で。）

❷ **在海鲜餐厅。**（海鮮レストランで。）

③ 在自助餐厅。（バイキングレストランで。）

④ 在露天温泉。（露天温泉で。）

22 (5) 問：与本文内容相符的是以下哪一项？
（本文の内容に合うものは，次のどれか。）

答：❶ **札幌每年二月都举办冰雪节。**
（札幌は毎年 2 月に雪祭りを催している。）

② 在北海道拍摄的中国电影是冬天的景色。
（北海道で撮影した中国映画は冬の景色である。）

③ 札幌拉面只有在北海道才能吃到。
（札幌ラーメンは北海道でしか食べられない。）

④ 北海道的夏天非常凉爽，是最好的旅游季节。
（北海道の夏はとても涼しく，一番よい観光シーズンである。）

(6)～(10)の中国語

30 1969 年，我出生在安徽省北部的一个农村。1977 年国家恢复大学招生（zhāoshēng）考试的时候，我刚上小学二年级。那一年，附近的村里有一个高中生考上了大学，第二年，另一个村里也有一个高中生考上了大学，他们的父母都是农民。我们村是当地有名的贫穷（pínqióng）村，村里的孩子大多上完中学就回到村里干农活儿（nónghuór），一直没有人上大学。

两个农民的孩子考上（kǎoshang）大学这件事儿，让我父亲看到了希望。他觉得大学招生考试很公平，只要努力就能上大学，不需要任何人际关系和社会背景，这是改变孩子命运的最好途径（tújìng）。他鼓励我好好儿学习，一定要上大学，并尽最大的努力为我提供了良好的学习环境。

在爸爸的支持下，我1983年考上了高中，又经过三年努力，终于在1986年考上了大学，成为了我们村第一个大学生（dàxuéshēng）。我很高兴，爸爸更高兴，村民们也为我考上大学感到高兴。

31 以前，村民们见了我都叫我的名字，自从我考上大学后，大家都叫我“大学生”。“大学生”在村里成了我的名字，可见当时村里出个大学生，影响有多么大。

我上大学以后，村民们的观念也发生了改变，大家开始重视对孩子的教育。后来，我们村上大学的孩子越来越多，现在已经有近百名大学毕业生，还有人考上了研究生（yánjiūshēng）。

上大学改变了我这个农民孩子的命运。现在，村民们的生活也越来越好。我为自己生活在这样一个时代而感到庆幸。

招生：動新入生を募集する。“招考新生”の略
考试：名試験をする，試験を受ける
贫穷：形貧しい，貧窮している
农活儿：名畑仕事，農作業
人际：形人と人との間の。“人际关系”は「人間関係，コネクション」
命运：名命運，将来
途径：名道，ルート
鼓励：動励ます，激励する
第一：数最初の，一番目の
观念：名意識
研究生：名大学院生
庆幸：動（思いがけない幸運を）幸いとする

訳：1969年，わたしは安徽省北部のある農村で生まれた。1977年，国が大学生募集試験を復活したとき，わたしは小学校2年生になったばかりであった。その年，近くの村の1人の高校生が大学に受かった。翌年，別の村の1人の高校生も大学に受かった。彼らの親はいずれも農民である。わたしたちの村は当地で有名な貧困村で，村の子どもはほとんどが中学を終えると村に帰って野良仕事をし，ずっと大学に行く人はいなかった。

2人の農民の子が大学に受かったことは，わたしの父親に希望を持たせた。父は大学生募集試験はとても公平で，努力しさえすれば大学に入ることができ，何のコネや社会的な背景も要らない，これは子どもの将来を変える一番よい道であると思った。父はわたしにしっかり勉強して，必ず大学に受かるように励

ましてくれ，わたしのために最大の努力をしてよい学習環境を提供してくれた。

父の支えの下，わたしは1983年に高校に受かり，さらに3年の努力を経て，ついに1986年に大学に受かり，わたしたちの村で最初の大学生となった。わたしはとてもうれしかったが，父はもっと喜んだ。村人たちもわたしが大学に受かったことを喜んでくれた。

以前は，村人たちはわたしに会うと皆わたしの名前を呼んだが，わたしが大学に受かってからは，皆わたしを「大学生」と呼ぶようになり，「大学生」が村でのわたしの名前になった。このことからも当時，村で大学生が出たことの影響がいかに大きかったかが分かる。

わたしが大学に入ってから村人たちの意識にも変化が生じた。みんな子どもの教育を重視し始めたのである。後に，わたしたちの村では大学に進学した子どもがますます多くなり，今ではすでに100名近くの大卒者がおり，大学院に受かった人もいる。

大学に入ることでわたしという農民の子どもの運命が変わった。いま，農民たちの生活もますますよくなっている。わたしは自分がこのような時代に生きていることを幸せに思う。

32 (6) 問：我是哪一年上小学的？（わたしは何年に小学校に入ったのか。）

答：❶ 1976年。(1976年。)

② 1978年。(1978年。)

③ 1969年。(1969年。)

④ 1977年。(1977年。)

33 (7) 問：以前为什么村里没有人上大学？

(以前はなぜ村には大学に行く人がいなかったのか。)

答：① 因为没有人上中学。(中学に入る人がいなかったから。)

② 因为村民都是农民。(村人は皆農民だったから。)

③ 因为没有人际关系。(コネがなかったから。)

❹ **因为村民生活贫困。**(村人は暮らしが貧しかったから。)

34 (8) 問：我爸爸为什么支持我考大学？

(わたしの父はなぜわたしの大学受験を支援してくれたのか。)

答：① 因为我们村有两个大学生。

(わたしたちの村には2人の大学生がいたから。)

② 因为我们家有社会背景。

（わたしの家には社会的な背景があったから。）

❸ 因为上大学能改变命运。

（大学に入れば運命を変えることができるから。）

④ 因为我们家生活比较富裕。

（わたしの家は暮らしが割合に豊かであったから。）

35 ⑼ 問：我上大学给村里带来了什么影响？

（わたしが大学に入ったことで村にどんな影響をもたらしたか。）

答：① 上大学后，村民们见到我都叫我的名字。（大学に入ってから，村人たちはわたしに会うと皆わたしの名前を呼んだ。）

❷ 村民们开始重视对孩子的教育。

（村人たちは子どもの教育を重視し始めた。）

③ 村民们叫孩子们回来当农民。

（村人たちは子どもたちに帰ってきて農民になるように言った。）

④ 村里有一百多人考上了研究生。

（村では100人以上の人が大学院に合格した。）

36 ⑽ 問：与本文内容相符的是以下哪一项？

（本文の内容に合うものは，次のどれか。）

答：① 村里上大学的孩子都回来干农活儿。

（村で大学に入った子どもは皆帰ってきて野良仕事をする。）

② 现在农村孩子不用努力也可以考上大学。

（今は農村の子どもは努力しなくても大学に受かることができる。）

③ 我是我们村里第三个考上大学的人。

（わたしは村で3人目の大学合格者である。）

❹ 我为自己生活在一个好时代而高兴。

（わたしは自分がよい時代に生きていることをうれしく思う。）

筆　記 （⇨問題6頁）

1　600字程度の文章を読み，流れをつかんで適当な語句を補う8問，正しいピンインを選ぶ1問，内容の理解を問う1問に答えます。語句の知識と読解力を問います。（各2点）

解答：(1) ❷　(2) ❸　(3) ❹　(4) ❸　(5) ❸　(6) ❷　(7) ❹　(8) ❷　(9) ❷　(10) ❷

老张喜欢喝茶，每天上班后第一件事就是先 (1)泡 一杯茶，然后看报纸，然后再干工作。

老张喝的茶叶都是自己掏钱买的，而且都挺贵的。虽然办公室也有公司花钱买的茶叶，但都不是什么好茶，老张 (2)看不上，所以他从来不喝。

除了老张，办公室里的其他人是不喝茶的。公司的茶叶也 (3)只有 来客人时，(3)才 能派上用场。

可是，来办公室的客人中，有因公的，有因私的，有熟悉的，有陌生的。大凡来了领导或者某位同事的近亲（jìnqīn）至友，公司的茶叶是拿不出手的，(4)于是 同事就自然而然（zìrán'érrán）地想到了老张的茶叶。老张的茶叶就放在办公桌左边的抽屉里，也不上锁，取 (5)起来 很方便，喝 (5)起来 又很香，更主要的，老张一向是个慷慨（kānggǎi）大方的人，所以，只要办公室有客人来，而公司的茶叶上不了场的时候，老张的茶叶就会被用来招待客人。开始，老张并没有在意，不管怎么说，别人喝了他的茶叶，是一定会领他这 (6)份 人情的。钱能买来茶叶，却难买到人情。这么一想，老张的心里也就(7)宽慰了许多。

可是时间一久，问题就出来了。老张在的时候，有人想用茶叶，也不跟他 (8)打 招呼（zhāohu），自己就直接开抽屉去取；老张不在，茶叶被人用了，过后也没人跟他说一声。老张心里说：喝我的茶叶我不嫌，可总得跟我说一声，总得领我这个人情吧！

一连几天，办公室的人都发现老张只喝白开水，就深感奇怪。老张说："前两天看了一篇报道，说像我这个年龄的人茶喝多了不好。没办法，只得忍痛（rěntòng）割爱（gē'ài），戒了。"说完，老张就伸手，从抽屉里取出茶叶罐："这里还有一些，哪位需要，就随便用。"在场（zàichǎng）的几个同事齐声夸道（kuādào）："老张，你真 (9)够意思！"

老张下了班回家，进门第一件事就是赶紧先 (1)泡 一壶好茶。

掏：動取り出す。“掏钱”は「金を出す，支払う」

什么：代否定文に用いて「取り立てて言うほどの，格別，大して（…ではない)」

用场：名使い道，用途。“派上用场”は「役立つ，使い道がある」

熟悉：動よく知っている

陌生：形なじみがない，不案内

自然而然：成自然と，ひとりでに

上锁：動鍵をかける

香：形（食べ物の）味がよい，美味である

慷慨：形気前がよい

大方：形鷹揚である，大らか

上场：動出場する，登場する。“上不了场”は「出番となれない，表にできない」

开始：名始めのうち

在意：動気にかける，意に介する

领：動受け入れる，いただく。“领人情”で「(相手の厚意，贈り物に対して）ありがたく思う」

宽慰：動ほっとする，気持ちを和ませる

总得：副…しないわけにはいかない

一连：副続けざまに

忍痛：動つらい思いをする

割爱：動割愛する，除外する。

戒：動（嗜好品を）断つ，やめる

齐声：副声をそろえて，口をそろえて（…する）

夸道：動称賛する，ほめる

訳：張さんはお茶が好きで，毎日出勤して最初にするのは，まずお茶を１杯入れることで，それから新聞を読み，その後に仕事にかかるのである。

張さんが飲むお茶はすべて自分でお金を出して買ったものであり，しかもみなとても高いものである。事務所にも公費で買ったお茶はあるが，みな大してよいお茶ではなく，張さんは気に入らず，これまで飲んだことがない。

張さんを除いて，会社のほかの人はお茶を飲まない。会社のお茶もお客さんが来たときだけ，その役割を果たすことができるのである。

しかし，事務所に来るお客さんの中には，公用の人もいれば，私用の人もいるし，顔なじみもいれば，見知らぬ人もいる。総じて会社の偉い人や同僚の誰かの近親者や親友が来ると，会社のお茶は粗末なので出番がない。そこで同僚たちは自然と張さんのお茶に思い至るのだ。張さんのお茶は事務机の左側の引出しの中に入っていて，鍵もかかっていないので，取り出しやすいし，飲み心地もとてもいい。もっと主な理由は，張さんはずっと気前がよく大らかな人だということだ。それゆえ，事務所にお客さんが来て，しかも会社のお茶を出せないとなると，張さんのお茶がお客さんの接待に使われる。初めのうちは張さんは別に気にしていなかった。何と言ってもほかの人が彼のお茶を飲んだら，彼のありがたみを感じているに違いないのである。お茶はお金で買えるが，人情は買い難い。そう考えると，張さんの気持ちも大いに安らいだ。

しかし時がたつと，問題が出てきた。張さんがいるときでも，誰かがお茶を使いたければ，張さんに声もかけずに，自分勝手にそのまま引出しを開けてお茶を取り出した。張さんがいないときにお茶が使われても，事後に誰も彼に一声かけなかった。張さんは心の中で，「わたしのお茶を飲むのは，わたしは嫌じゃないが，わたしに一声かけるべきだ。いずれにしろわたしに対してありがたく思わなければならないだろう。」とひそかに思った。

事務所の人は張さんが何日か続けて白湯しか飲まないのに気づき，とても不思議に思った。張さんは「2，3日前，わたしぐらいの年齢の人はお茶をたくさん飲むのはよくないという記事を読んだ。しかたがなく，残念ながら諦めるしかないので，やめたよ。」と言った。そう言うと，張さんは手を伸ばして引出しの中から茶筒を取り出し「この中にまだ少し入っているから，誰か必要なら，勝手に使ってくれ。」と言った。その場にいた何人かの同僚は声をそろえて「さすが張さんだね，いい心意気だね。」とほめ称えた。

張さんは仕事を終えて家に帰ると，最初にするのは，まずよいお茶を1杯入れることであった。

(1) 空欄補充

老张喜欢喝茶，每天上班后第一件事就是先［　　］一杯茶，然后看报纸，然后再干工作（張さんはお茶が好きで，毎日出勤して最初にするのは，まずお茶を1杯入れることで，それから新聞を読み，その後に仕事にかかるのである）

老张下了班回家，进门第一件事就是赶紧先［　　］一壶好茶（張さんは仕事を終えて家に帰ると，最初にするのは，まずよいお茶を1杯入れることであった）

① 浇（jiāo 動 水などをかける）

❷ 泡（pào 動〔液体の中にやや長い間〕浸す）

③ 涮（shuàn 動 ゆすぐ）

④ 洗（xǐ 動洗う）

動詞と目的語の組み合わせの問題です。「お茶を入れる」は，“泡茶”（湯の中に葉を浸して，茶の葉を蒸らす），“沏茶 qī chá”（熱湯をかけてお茶を入れる），“冲茶 chōng chá”（熱湯を注いでお茶を入れる），“倒茶 dào chá”（お茶を湯飲みに注ぐ）などと言います。上の 4 種の「お茶を入れる」に使われる動詞のうち，ここには“泡”しか挙げられておりません。②を選びます。①③④はいずれも目的語の“一杯茶”と合いません。

(2) 空欄補充

虽然办公室也有公司花钱买的茶叶，但都不是什么好茶，老张 □ ，所以他从来不喝（事務所にも公費で買ったお茶はあるが，みな大してよいお茶ではなく，張さんは気に入らず，これまで飲んだことがない）

① 看不了（kànbuliǎo 見切れない，見られない）

② 看不到（kànbudào 見えない）

❸ 看不上（kànbushàng 気に入らない）

④ 看不完（kànbuwán 見終わらない）

いずれも「“看”＋可能補語」の構造です。ここは，張さんは公費購入のお茶はどれも大してよいお茶ではなくて気に入らない，と言っている文脈ですから，③を選びます。

(3) 空欄補充

公司的茶叶也 □ 来客人时， □ 能派上用场（会社のお茶もお客さんが来たときだけ，その役割を果たすことができるのである）

① 虽然…但…（suīrán…dànshì… …ではあるけれども，しかし…）

② 即使…也…（jíshǐ…yě… たとえ…であっても…）

③ 只要…就…（zhǐyào…jiù… …しさえすれば…）

❹ 只有…才…（zhǐyǒu…cái… …して，はじめて…）

複文の問題です。ここは「会社のお茶も，お客さんが来てはじめて用立てられる」という文脈で，唯一の条件を提示して，ほかの条件では後半で述べられる事情は成り立たない，という接続関係を表していますから，④を選びます。

(4) 空欄補充

大凡来了领导或者某位同事的近亲至友，公司的茶叶是拿不出手的，［　　］同事就自然而然地想到了老张的茶叶（総じて会社の偉い人や同僚の誰かの近親者や親友が来ると，会社のお茶は粗末なので出番がない。そこで同僚たちは自然と張さんのお茶に思い至るのだ）

① 由于（yóuyú ［接］…によって，…なので）

② 然而（rán’ér ［接］しかしながら）

❸ 于是（yúshì ［接］そこで，すると」）

④ 并且（bìngqiě ［接］そして，しかも）

接続詞の問題です。ここは前半を受けて後半に続けることに重点を置く文脈ですから，それに符合する接続詞の③の“于是”を選びます。

(5) 空欄補充

老张的茶叶就放在办公桌左边的抽屉里，也不上锁，取［　　］很方便，喝［　　］又很香，更主要的，老张一向是个慷慨大方的人（張さんのお茶は事務机の左側の引出しの中に入っていて，鍵もかかっていないので，取り出しやすいし，飲み心地もとてもいい。もっと主な理由は，張さんはずっと気前がよく大らかな人だということだ）

① 上来（shànglái …上がってくる）

② 过来（guòlái …こちらへ）移動してくる）

❸ 起来（qǐlál 上の方へ…する）

④ 进来（jìnlái …入ってくる）

方向補語の問題です。ここは「取り出してみると…だ」「飲んでみると…だ」という文脈で，“起来”には「推測あるいはある方面に着眼する」するという意味を示す派生的用法として，“吃起来”「食べてみると」“看起来”「見てみると」などのように，「…してみる」の意味があります。ここは③を選びます。

(6) 空欄補充

开始，老张并没有在意，不管怎么说，别人喝了他的茶叶，是一定会领他这［　　］人情的（初めのうちは張さんは別に気にしていなかった。何と言ってもほかの人が彼のお茶を飲んだら，彼のありがたみを感じているに違いないのである）

① 场（cháng [量]事柄の継続時間の一区切りなどを数える，chăng [量]スポーツの試合や演劇公演，テストなどの回数などを数える）

❷ 份（fèn [量]全体の中の部分や揃いになった物，抽象的な事物を数える）

③ 给（gěi [量]件数や衣服を数える）

④ 套（tào [量]セットになった物を数える）

量詞の問題です。ここは張さんの「厚意，ありがたみ」に用いています。“人情”には「(具体的な物から，抽象的な厚意や親切を含む) 贈り物」という意味もあり，“他送来的一份人情”（彼からの送り物）という表現があります。②を選びます。

(7) ピンイン表記

宽慰

① kuānyì

② kuǎnwèi

③ kuǎnyì

❹ **kuānwèi**

「[動]ほっとする，気持ちを和ませる」。

(8) 空欄補充

老张在的时候，有人想用茶叶，也不跟他 ＿＿ 招呼，自己就直接开抽屉去取（張さんがいるときでも，誰かがお茶を使いたければ，張さんに声もかけずに，自分勝手にそのまま引出しを開けてお茶を取り出した）

❶ 打（dă [動]〔ある種の動作・行為を〕する）

② 说（shuō [動]説明する）

③ 给（gěi [動]〔ある動作・状態を人に〕与える，受けさせる）

④ 用（yòng [動]用いる，使う）

動詞と目的語の組み合わせの問題です。“招呼”（[動]〔ことばや動作で〕あいさつする）と組み合わせることのできる動詞は①の“打”だけです。“打招呼”は「あいさつ，声をかける，知らせる」という意味の慣用句です。

(9) 空欄補充

在场的几个同事齐声夸道：“老张，你真 ＿＿！”（その場にいた何人かの

同僚は声をそろえて「さすが張さんだね，気前がいいね」とほめ称えた）

① 讲排场（jiǎng páichang 慣見えをはる，恰好をつける）

❷ 够意思（gòu yìsi 慣友達がいがある，とても親切である）

③ 逞英雄（chěng yīngxióng 慣英雄ぶる，強がる）

④ 摆架子（bǎi jiàzi 慣威張る，もったいぶる）

ここは，会社の同僚たちが張さんの人柄をほめたたえる場面です。文脈から②を選びます。

⑽ 内容の一致

① 老张自费买茶是为了招待客人的。
（張さんが自費でお茶を買うのはお客さんを接待するためである。）

❷ **老张对同事们随便用他的茶叶心里有想法。**（張さんは同僚たちが勝手に彼のお茶を使うことに対して内心では不満に思うようになった。）

③ 老张经常主动地用自己的茶叶招待客人。
（張さんはいつも進んで自分のお茶でお客さんをもてなしている。）

④ 老张看了一篇报道后就不再喝茶了。
（張さんはある記事を読んだ後，もうお茶を飲まなくなった。）

18 行目“老张心里说：喝我的茶叶我不嫌，可总得跟我说一声，总得领我这个人情吧！”（張さんは心の中で，「わたしのお茶を飲むのは，わたしは嫌じゃないが，わたしに一声かけるべきだ。いずれにしろわたしに対してありがたく思わなければならないだろう」とひそかに思った）という内容から，張さんが不満を持つようになったことが分かります。①は，3 行目“老张喝的茶叶都是自己掏钱买的，而且都挺贵的。虽然办公室也有公司花钱买的茶叶，但都不是什么好茶，老张看不上，所以他从来不喝”（張さんが飲むお茶はすべて自分でお金を出して買ったものであり，しかもみなとても高いものである。事務所にも公費で買ったお茶はあるが，みなよいお茶ではなく，張さんは気に入らず，これまで飲んだことがない）と一致しません。③は，9 行目“同事就自然而然地想到了老张的茶叶…老张的茶叶就会被用来招待客人”（同僚たちは自然と張さんのお茶に思い至るのだ。…事務所にお客さんが来て，しかも会社のお茶を出せないとなると，張さんのお茶がお客さんの接待に使われる）と一致しません。④は，25 行目“老张下了班回家，进门第一件事就是赶紧先泡一壶好茶”（張さんは仕事を終えて家に帰ると，最初にするのは，まずよいお茶を 1 杯入れることであった）

と一致しません。

2

解答：(1)❷　(2)❹　(3)❶　(4)❸　(5)❹　(6)❷　(7)❷　(8)❹　(9)❶　(10)❷

1．正しい文を選びます。語順や語句の用法の理解を問います。　（各2点）

(1) ① 开会日期推迟到下周，以便有充裕时间的准备。

❷ 开会日期推迟到下周，以便有充裕的准备时间。

（十分な準備の時間が取れるように，会議の期日は来週まで延ばされた。）

③ 开会日期推迟到下周，以便有准备的时间充裕。

④ 开会日期推迟到下周，以便有准备充裕的时间。

この問題は“有充裕的准备时间”の語順の正誤を判別することがポイントです。“充裕”は形容詞で，“的”を伴うことで，“准备时间”（「連用修飾語“准备”＋中心語“时间”」）を修飾する連体修飾語となります。“充裕的准备时间”全体が“有”の目的語修飾句となっている構造です。②のほかに“有充裕的时间准备”のような言い方もありますが，①③④はいずれも語順が正しくありません。

(2) ① 未成年人就是也得负责对自己做的事。

② 就是未成年人对自己做的事得也负责。

③ 未成年人也得对自己做的事负责就是。

❹ 就是未成年人也得对自己做的事负责。

（たとえ未成年者であっても自分がした事に責任を負わなくてはならない。）

“就是…也…”は「たとえ…であっても…」という意味で，“即使…也…”と同じです。“就是”は接続詞で，名詞“未成年人”の前に置かれ，“也”は副詞で，助動詞“得”（…しなくてはならない）の前に置かれます。④を選びます。

(3) **❶ 这件事直到他辞职当天我才知道。**

（この事を彼が辞職する当日になってやっとわたしは知った。）

② 这件事他直到辞职当天我才知道。

③ 这件事直到他辞职我当天才知道。

④ 这件事我直到他才辞职当天知道。

“直到…才…”は「…のときになって，はじめて…」という意味です。“直到”が“他辞职当天”（彼が辞職する当日）までかかり，“才”が“知道”にかかることを理解すれば，①を選ぶことができます。

(4) ① 到了云南，我一定寄点儿当地的特产给你们来。

② 到了云南，我给你们一定寄当地的特产来点儿。

❸ 到了云南，我一定给你们寄点儿当地的特产来。

（雲南に行ったら，必ず皆さんに現地の特産品を送ります。）

④ 到了云南，我来寄点儿当地的特产一定给你们。

動作行為の“寄”は，ここではまだ実現していないことを言っているため，目的語の“当地的特产”は単純方向補語“来”の前に置きます。“点儿”は“一点儿”の“一”が省略されたかたちで，“当地的特产”の前に置いて修飾します。そして，“一定”以下の副詞句は動詞“寄”の前に置くべきなのです。これらにかなう③を選びます。

(5) ① 我们的产品一点儿不比都其他公司的差。

② 我们的产品都不比一点儿其他公司的差。

③ 我们的产品一点儿不都比其他公司的差。

❹ 我们的产品一点儿都不比其他公司的差。

（われわれの製品は他社のものより少しも劣ってはいない。）

“一点儿（…）都…”は「…少しも（…でない）」という意味です。“一点儿”を多く“都”や“也”で受けて，その後に否定形を置き完全な否定を表します。その語順に合った④を選びます。ちなみに，この構文での“一点儿”の“一”は省略できません。

2. 同じ意味になる語句を選びます。語句の意味についての知識を問います。

（各 2 点）

(6) 每当闲得无聊的时候，她总会拿出小时候的相册来看看。（暇で退屈なとき，彼女はいつも小さい頃のアルバムを取り出して見ることにしている。）

① 没把握（méi bǎwò 自信がない）

❷ 没意思（méi yìsi 面白くない，つまらない）

③ 没脾气（méi píqi 性格がよく，すぐ腹を立てることはない，どうしようもない）

④ 没商量（méi shāngliang 相談する余地がない）

“无聊”は，「退屈である，つまらない」という意味です。②は「おもしろくない」という意味で合います。

(7) 5G时代即将来临，政府已经出台了相应的政策。（5G時代が間もなくやって来るので，政府はもうそれに対応する政策を打ち出した。）

① 展示（zhǎnshì 動展示する）

❷ 公布（gōngbù 動公布する，公表する）

③ 表演（biǎoyǎn 動演ずる，出演する）

④ 促进（cùjìn 動促進する，促す）

“出台”はもともと「舞台に出る，登場する」という意味で，法律や政策などが「公布される，実施される」という意味としても使われています。それに符合する②を選びます。

(8) 看来他根本就没领会我的意思。
（どうやら彼はまったくわたしの気持ちが分かっていないようだ。）

① 知道（zhīdao 動知っている，分かる）

② 体察（tǐchá 動よく観察する）

③ 表达（biǎodá 動考えたこと・感じたことを表現する）

❹ 理解（lǐjiě 動理解する，分かる）

“领会”は「理解する，把握する」という意味です。符合する④を選びます。

(9) 她男朋友很优秀，对她也特别好，唯一的缺点是爱吃醋。
（彼女のボーイフレンドはとても優秀で，彼女にとてもよくしてくれるが，唯一の欠点は焼き餅焼きということだ。）

❶ 忌妒（jìdu 動ねたむ，そねむ）

② 发火（fāhuǒ 動怒り出す，かっとする）

③ 生气（she1ngqì 動怒る，腹を立てる）

④ 担心（dānxīn 動心配する）

“吃醋”は「焼き餅を焼く，嫉妬する」という意味です。①の“忌妒”は，「(才能，名誉，地位，境遇などが自分より優れている人に対して)ねたむ心を抱く」という意味ですが，男女関係についての「嫉妬する」

の意味も含みますので①と符合します。①を選びます。

⑽ 他没什么本事，除了喜欢吹牛皮，什么正事儿都不做。
（彼は何の能力もなく，ホラを吹くほかには，何一つまともな事をしない。）
① 说谎话（shuō huǎnghuà うそをつく）
❷ 说大话（shuō dàhuà 大きなことをたたく，ほらを吹く）
③ 说好话（shuō hǎohuà 縁起のいい話をする）
④ 说脏话（shuō zānghuà 下品なことを言う）

“吹牛皮”は「ほらを吹く，大風呂敷を広げる」という意味の慣用句で，“吹牛”とも言います。“说大话”は「大きな口をきく」という意味で，“吹牛皮”と同じ意味です。②を選びます。

3 適当な語句を補います。読解力と語句の知識を問います。（各2点）

解答：⑴❷ ⑵❸ ⑶❹ ⑷❶ ⑸❹ ⑹❷ ⑺❷ ⑻❶ ⑼❶ ⑽❹

⑴ 她穿的那条裙子的款式早就（ 过时 ）了。
（彼女がはいているあのスカートのデザインはとっくに時代遅れだ。）
① 过期（guòqī 動期限が切れる）
❷ 过时（guòshí 動時代遅れになる，流行遅れになる）
③ 过年（guònián 動年越しをする，新年を迎える）
④ 过分（guòfèn 形度を越している）

スカートのデザインについて言っていますから，②が合います。②を選びます。

⑵ 机器出了点儿问题，但并没有你说的那么（ 严重 ）。
（機械は少し問題が発生したが，別にあなたが言うほどひどくはない。）
① 严格（yángé 形厳格である）
② 关键（guānjiàn 形肝心である）
❸ 严重（yánzhòng 形重大である，深刻である）
④ 首要（shǒuyào 形最も重要な）

ここでは，発生した“问题”の程度について言っていますから，③が合います。③を選びます。

(3) 他就是能力强，这么棘手的事儿处理得多（　漂亮　）啊！（彼は実に能力がある。こんなに手のかかる事をなんとみごとに処理したではないか。）

① 美丽（měilì 形美しい）

② 清楚（qīngchu 形はっきりしている）

③ 动听（dòngtīng 形（聞いて）感動的である）

❹ 漂亮（piàoliang 形きれいだ，みごとだ）

動詞“处理”の後の“得”は，結果・程度を表す補語を導きます。“处理”の仕方の程度が，“多（　）啊！”（感嘆するほど…だ）と言っているのです。“（　）”に入るのは④が適当と分かります。

(4) 那婴儿是不是饿了，怎么不停地（　哇哇　）大哭？
（あの赤ちゃんはお腹がすいているのではないのではない？わあわあひどく泣き続けているではないか。）

❶ 哇哇（wāwā 擬カラスの鳴き声や子どもの泣き声）

② 呜呜（wūwū 擬〔悲しんで泣くときの〕泣き声，また汽笛の音や風のうなる音など）

③ 咯咯（gēgē 擬けらけら笑う声）

④ 咪咪（mīmī 擬猫の鳴き声）

ここは，赤ちゃんが大泣きするのをいぶかしく思っている状況の会話の一文です。赤ちゃんが泣くのを形容するのに適当なのは①です。①を選びます。

(5) 昨天我们参观工厂，受到了厂方的（　热情　）接待。
（きのうわたしたちは工場を見学し，先方の温かい接待を受けた。）

① 热烈（rèliè 形熱烈だ）

② 温和（wēnhé 形温和だ）

③ 温暖（wēnnuǎn 形暖かい）

❹ 热情（rèqíng 形心がこもっている，親切だ）

①～④，いずれも態度について言うのに使われますが，“热烈接待”“温和接待”“温暖接待”の３つの表現法は中国語の習慣としてありません。“接待”と組み合わせることができるのは，④だけです。④を選びます。

(6) 目前局势还不明朗，所以很多人都持（　观望　）的态度。

（現在の情勢はまだはっきりしないので，多くの人は皆傍観的な態度を保っている。）

① 瞭望（liàowàng [動]遠く見渡す）

❷ 观望（guānwàng [動]辺りを見回す，傍観する）

③ 看望（kànwàng [動]〔年長者や親戚友人などを〕訪問する，見舞う）

④ 盼望（pànwàng [動]待ち望む）

> 動詞の“持”は「（態度・意見などを）保持する，保つ」の意味。“持”の後に来る動詞を選ぶ問題です。情勢がはっきりしないもとでどのような態度を保持するのか，という文脈で適当なのは②です。②を選びます。

(7) 听到他说了几句安慰的话，一（ 股 ）暖流涌上我的心头。

（彼の慰めのことばを聞いて，わたしの心に温かい気持ちがわいた。）

① 条（tiáo [量]細長いものを数える）

❷ 股（gǔ [量]気体や水の流れなどを数える）

③ 根（gēn [量]細長いものを数える）

④ 本（běn [量]書籍類を数える）

> 量詞の問題です。ここの“暖流”（こみあげてくる熱いもの，心に感じる温かみ）のような感情を数える場合，よく“一股”のかたちで用います。②を選びます。

(8) 持续的炎热天气，造成电力供应（ 紧张 ）。

（酷暑続きの天気が，電力の供給をひっ迫させている。）

❶ 紧张（jǐnzhāng [形]余裕がない，ひっ迫している）

② 紧急（jǐnjí [形]緊急である，差し迫っている）

③ 紧缩（jǐnsuō [動]緊縮する，切り詰める）

④ 紧凑（jǐncòu [形]むだなく詰まっている，すきがない）

> ここは“电力供应”について言っていますから，文脈から①が適当なのが分かります。①を選びます。

(9) 我们在一起工作了很多年，她对我一直都很（ 照顾 ）。

（わたしたちは長年一緒に働いてきたが，彼女はわたしのことをずっとあれこれ気にかけてくれている。）

❶ 照顾（zhàogù [動]世話をする）

② 照料（zhàoliào 動世話をする）

③ 照常（zhàocháng 動平常どおりである）

④ 照看（zhàokàn 動世話をし管理する）

①②④とも「面倒をみる，世話をする」という共通の意味を持っていますが，①は人や事柄についてであり，多くは精神的面，物質生活面においてとくに気にかけて，保護し，支援する意味を含んでいます。②は人・家畜・家事などの世話をする意味。④は人の面倒をみる，見守る意味ですが，管理することに重きがあります。ここのように仕事上の「面倒をみる」場合には，“照顾”しか用いられません。①を選びます。③では，何がずっと平常どおりか分かりません。③は“很”の後に用いられることもありません。

⑽ 外面雨下得这么大，（ 不晓得 ）她今晚还能不能来。

（外は雨がひどく降っているので，彼女が今晩来られるかどうかは分からない。）

① 不值得（bù zhíde …に値しない）

② 不懂得（bù dǒngde 理解していない）

③ 不由得（bùyóudede 副思わず）

❹ 不晓得（bù xiǎode 知らない，分からない）

「彼女が今晩来られるかどうか」という事に関してどうであるかということですから，文脈から言って④が適当です。④を選びます。

4 **500 字程度の文章を読み，流れをつかんで適当な語句を補う 4 問，内容の理解を問う 1 問，日本語に訳す 1 問に答えます。語句の知識，読解力，日本語の翻訳力を問います。** （⑴～⑸各 2 点，⑹各 5 点）

解答：⑴❶ ⑵❶ ⑶❷ ⑷❹ ⑸❸ ⑹ ⇨ 42 頁

日本几乎每家每户的门口都有写着自己姓氏的牌子，日语叫“表札”，有点儿像中国过去的牌匾（páibiǎn）。中国古时候，高级官吏或者有钱人家的门上也有类似日本“表札”的东西，写着“陈府”“王宅”等，是一种身份和地位的象征。

明治维新之前，日本平民没有姓氏。明治维新以后，日本开始在平民阶层普及姓氏。“表札”出现在大正时期，与 1923 年的关东大地震密切相关。

地震[(1)至于／使得／导致／致使]大量房屋倒塌（dǎotā），再加上震后大火，原来的街区成为了一[(2)片]废墟，面目全非。地震后有很多人与家人一时失散（shīsàn），为了寻找家人，也为了让家人能够找到自己的家，就把自己的姓氏挂在门口。“表札”从此传布到日本各地，并一直延续到现在。

“表札”就像是一张名片，对日本人有着十分重要的意义。跟其他国家不同，居住地址可以说就是日本人的身份证。日本人[(3)无论]搬到哪里，[(3)都]需要到当地区役所或市役所登记地址，并把“表札”挂在门上。日本人普遍都会精心对待“表札”，所用材料各种各样，有大理石的，玻璃的，木头的等等。(a)<u>有很多日本人甚至还会委托专门制作“表札”的工匠（gōngjiàng），把“表札”做得跟艺术品一样。</u>最普通的“表札”价格也得相当于五六百块人民币呢！

日本虽然有像“佐藤”“铃木”“高桥”“田中”这样的“大姓”，但所谓“大”也只是相对其他姓氏而言。日本有二十多万个姓氏，两千多个常用汉字随便组合，都可能是一个姓氏。而明治政府为了便于管理，强制性要求平民在短时间内拥有姓氏。(b)<u>当时平民识字率很低，只能仓促取姓，山名、地名、草木名，能用的都用上了。</u>

中国人自古重视姓氏，日本人似乎比中国人更甚，古代的日本社会把拥有姓氏作为一种权贵的象征。平民姓氏的普及只有一百多年，把自己的姓氏挂在门上依然是一种荣耀（róngyào），用姓氏光宗耀祖（guāngzōng-yàozǔ）更是很多人毕生（bìshēng）的追求。这也是很多日本企业创建者[(4)以]自己的姓氏作为企业名称的原因之一，比如三井、松下、本田、丰田等等。

牌子：[名]プレート，札
牌匾：[名]扁額
倒塌：[動]（建物が）倒れる
废墟：[名]廃墟
面目全非：[成]様子がすっかり変わってしまう，見る影もなく変り果てる
失散：[動]離散する
家人：[名]身内，家族。なお，“家族”は「一家」
精心：[形]念入りである，心がこもっている
对待：[動]対応する，取り扱う
工匠：[名]職人
大姓：[名]よくある姓

仓促：[形]慌ただしい

甚：[動]勝る，上回る

荣耀：[形]光栄である，誉である

光宗耀祖：[成]祖先の名を上げること

毕生：[名]一生，終生

訳：日本ではほとんどどの家の入り口にも自分の名字を書いた札が掛かっている。それを日本語では「表札」と言い，中国の昔の扁額にちょっと似ている。中国でも昔は，高級官吏や金持ちの家の門には日本の「表札」に似たものが掛けてあって，「陳府」「王宅」などと書かれており，一種の身分や地位の象徴であった。

明治維新以前，日本の平民には名字がなかった。明治維新以後，日本では平民階層で名字が普及し始めた。「表札」は大正時代に出現し，1923 年の関東大震災と密接な関係がある。地震で多くの家屋が倒壊し，さらに地震の後の大火が加わり，元の市街区は一面の廃墟と化し，見る影もなく変わり果てた。地震の後，多くの人が一時家族と離散した。家族を捜すため，また家族が自分の家を捜すことができるようにするため，自分の名字を入り口に掛けた。「表札」はこの時から日本各地に広まり，ずっと現在まで続いている。

「表札」は 1 枚の名刺のようなもので，日本人にとってとても重要な意義を持っている。ほかの国と違って，住所は日本人の身分証であると言える。日本人はどこへ引っ越してもその地の区役所や市役所に行って住所を登録しなくてはならず，併せて「表札」を入り口に掛けるのである。日本人は皆心を込めて「表札」を取り扱い，用いる材料はいろいろで，大理石，ガラス，木のもの等々がある。(a)多くの日本人が「表札」職人に依頼までして，「表札」を芸術品のように作ってもらっている。一番普通の「表札」の値段でも 5，6 百人民元に相当するのだ。

日本には「佐藤」「鈴木」「高橋」「田中」といった「よくある名字」があるけれども，「よくある」と言ってもほかの名字と比べての話である。日本には 20 万以上の名字があり，2 千余りのよく使われる漢字を自由に組み合わせると 1 つの名字になる。そして明治政府は管理しやすいように，強制的に庶民に短期間のうちに名字を持つようにさせた。(b)当時，庶民の識字率は低く，慌ただしく名字をつけるしかなく，山の名，地名，草木の名など，使えるものは何でも使った。

中国人は昔から名字を重視しているが，日本人は中国人よりもっと重視している。古代の日本社会では名字を有することが権勢を有する高官の象徴とされていた。平民の名字が普及して百年余りしかたっていないが，自分の名字を入り口に掛けることはやはり一種の栄誉であり，さらに名字によって祖先の栄誉を称えることは多くの人々が終生追い求めることである。これは，例えば三井，松下，本田，豊田等々多くの日本企業の創設者が自分の名字を企業名にしている理由の1つでもある。

⑴ 空欄補充（不適当）

地震 ＿＿ 大量房屋倒塌，再加上震后大火，…

（地震で多くの家屋が倒壊し，さらに地震の後の大火が加わり，…）

❶ 至于（zhìyú 動ある程度になる）

② 使得（shǐde 動…を引き起こす）

③ 导致（dǎozhì 動（悪い結果を）招く，導く）

④ 致使（zhìshǐ 動…することになる，…の結果になる）

“地震（　）大量房屋倒塌”の空欄には，「（地震が多くの家屋の倒壊する事態）を引き起こし，を招き，の結果となり」という文脈ですから，②③④をいずれも用いることができます。①は動詞の場合，もっぱら否定や反語のかたちで用い，ある程度（好ましくない状態）までには達しないであろうことを表します。ここでは①が不適当となります。

⑵ 空欄補充

…，原来的街区成为了一 ＿＿ 废墟，面目全非

（元の市街区は一面の廃墟と化し，見る影もなく変わり果てた）

❶ 片（piàn 量面積や範囲が広いものを数える）

② 块（kuài 量区切られた面積や範囲を数える）

③ 遍（biàn 量動作の始めから終わりまでの全過程の回数を数える）

④ 场（cháng 量事柄の経過の一区切りなどを数える　chǎng 量スポーツの試合の回数などを数える）

量詞の問題です。ここは「辺り一面の」という意味の表現ですから，①を選びます。

⑶ 空欄補充

日本人 ＿＿ 搬到哪里，＿＿ 需要到当地区役所或市役所登记地址，并把“表札”挂在门上（日本人はどこへ引っ越してもその地の区役所や市役所に行って住所を登録しなくてはならず，併せて「表札」を入り口に掛けるのである）

① 不但…而且…（búdàn…érqiě… …だけでなく，しかも…）

❷ **无论…都…**（wúlùn…dōu… …にかかわらず，いずれも…）

③ 与其…不如…（yǔqí…bùrú… …よりもむしろ…のほうが…）

④ 除非…才…（chúfēi…cái… …しない限り…しない…）

ここの文脈は「…にかかわらず，いずれも…」という条件関係を示しており，②“无论…都…”が適切です。②を選びます。

(4) 空欄補充

这也是很多日本企业创建者 ＿＿ 自己的姓氏作为企业名称的原因之一，比如三井、松下、本田、丰田等等

（これは，例えば三井，松下，本田，豊田等々多くの日本企業の創設者が自分の名字を企業名にしている理由の１つでもある）

① 对（duì [介]…に対して）

② 给（gěi [介]…に対して）

③ 使（shǐ [動]…させる）

❹ **以**（yǐ [介]…をもって）

ここは，後の“作为”と呼応して，「…をもって…とする」という文脈をかたちづくる構文に気がつくのがポイントです。「もって」に当たる“以”が適当だと分かります。④を選びます。

(5) 内容の一致

① 中国人至今还在家门上挂牌匾。
（中国人は今でも家の入り口に扁額を掛けている。）

② 日本人没中国人那么看重姓氏。
（日本人は中国人ほど名字を重く見ていない。）

❸ **日本“表札”的制作价格并不算低。**
（日本の「表札」の製作料は安くはない。）

④ 从明治时代起日本就开始挂“表札”。
（明治時代から日本では「表札」を掛け始めた。）

16行目“最普通的‘表札’价格也得相当于五六百块人民币呢！”（一番普通の「表札」の値段でも５，６百人民元に相当するのだ）から「高価」なものだと類推できますので，③と一致します。③を選びます。①は１行目“日语叫‘表札’，有点儿像中国过去的牌匾”（それを日本語では「表

札」と言い，中国の昔の扁額にちょっと似ている）と，②は23行目“中国人自古重视姓氏，日本人似乎比中国人更甚…”（中国人は昔から名字を重視しているが，日本人は中国人よりもっと重視している）と，④は6行目“‘表札’出现在大正时期…”（「表札」は大正時代に出現し，…）と，いずれも一致しません。

(6) 中文日訳

(a) 有很多日本人甚至还会委托专门制作“表札”的工匠，把“表札”做得跟艺术品一样。

多くの日本人が「表札」職人に依頼までして，「表札」を芸術品のように作ってもらっている。

“甚至还…”は「…までして，すらしてまで」という意味です。“做得跟艺术品一样”は「芸術品のように作る」という意味です

(b) 当时平民识字率很低，只能仓促取姓，山名、地名、草木名，能用的都用上了。

当時，庶民の識字率は低く，慌ただしく名字をつけるしかなく，山の名，地名，草木の名など，使えるものは何でも使った。

“当时平民识字率很低”と“只能…”の2つの文は因果関係です。“能用的都用上了”は「使えるものは何でも使った」という意味です。

5 **やや長めの文5題を中国語に訳します。日常で常用の語句，表現を用いて文を組み立てる能力を問います。** （各4点）

(1) こんなにたくさんの人名をどうして覚えられようか。

这么多的人名怎么能记（得）住呢？

「どうして…できるだろうか」は“怎么能…呢”“怎么可能…呢”などの常用の反語文を使って訳します。「覚えられる」は“能记住”“记得住”“能记得住”などと訳せます。

(2) ホテルの駐車場はいっぱいである。

饭店的停车场停满了汽车。

問題文は車の数の多い少ないではなく満車状態であることを言っていることに注意して，存現文を用いて訳します。存現文は「場所（あるい

は時間）＋動詞＋その他の成分（助詞など）＋事物（あるいは人）」の語順ですから，「“停车场”（場所）＋“停”（動詞）＋“满了”（結果補語＋助詞）＋“汽车”（事物）」という語順になります。「いっぱいである」は“车停满了”などとも訳せます。

⑶ ご相談したいことがあります。

我有一件事儿要跟您商量。

連動文で訳します。「…したいことがある」は“有事情想跟你商量”のように“有”を前に用います。「ご相談したい」は“想和你商量一下”“想商量商量”“想问问你”などとも訳せます。

⑷ 張先生に会いたければ，少し早めに来なければなりません。

要是想见张老师，你就得早点儿来。

仮定関係を表す複文ですので，“如果…的话，就…”“要是…的话，那…”などの構文を用いて訳します。また，“想见张老师，就得早点儿来”“如果想见张老师，你得早些来”などのように，仮定関係を表すこれらの接続詞と副詞はどちらかを省略することもできます。

⑸ 最近わたしは国際情勢に関する本を何冊か読みました。

最近我读了几本关于国际形势的书。

「国際情勢に関する」は，“有关国际形势”などとも訳せます。数量詞“几本”は“关于…”の前に置くのが一般的です。

第99回

(2019年11月)

問　題

解答時間：計120分

配点：リスニング100点，筆記100点

解答と解説

リスニング

(⇨解答と解説58頁)

03 **1** 1. (1)〜(5)の A の発話に対する B の問いの答えとして最も適当なものを，それぞれ①〜④の中から１つ選び，その番号を解答欄にマークしなさい。　(25 点)

04 (1)

①　②　③　④

05 (2)

①　②　③　④

06 (3)

①　②　③　④

07 (4)

①　②　③　④

08 (5)

①　②　③　④

09 2. (6)～(10)のＡとＢの対話を聞き，Ｂの発話に続くＡのことばとして最も適当なものを，それぞれ①～④の中から１つ選び，その番号を解答欄にマークしなさい。

（25 点）

10 (6)

① ② ③ ④

11 (7)

① ② ③ ④

12 (8)

① ② ③ ④

13 (9)

① ② ③ ④

14 (10)

① ② ③ ④

15 **2** 中国語を聞き，(1)～(10)の問いの答えとして最も適当なものを，それぞれ①～④の中から1つ選び，その番号を解答欄にマークしなさい。 (50点)

16 メモ欄

23

17

24

18 (1)

25 ① ② ③ ④

19 (2)

26 ① ② ③ ④

20 (3)

27 ① ② ③ ④

21 (4)

28 ① ② ③ ④

22 (5)

29 ① ② ③ ④

30 メモ欄

37

31

38

32 (6)

39 ① ② ③ ④

33 (7)

40 ① ② ③ ④

34 (8)

41 ① ② ③ ④

35 (9)

42 ① ② ③ ④

36 (10)

43 ① ② ③ ④

筆　記 （⇨解答と解説68頁）

1 次の文章を読み，(1)〜(10)の問いの答えとして最も適当なものを，それぞれ①〜④の中から１つ選び，その番号を解答欄にマークしなさい。 (20点)

大学毕业后，我找到了一份工作，开始自己租房住。邻居是个漂亮的女孩儿，更让我高兴的是，我发现那个女孩儿的名字叫爱乐。我自己也是个音乐迷，最喜欢的是摇滚乐。我想，热爱音乐的人都是热爱生活、非常乐观的人，这个美丽的女孩儿 [(1)] 也是。

每天下班以后，我要做的第一件事就是打开音响，放一 [(2)] 激情洋溢的摇滚乐。 [(3)] 回家很晚，我 [(3)] 一定要先放音乐，再做其他事。放音乐时我有个习惯：打开门窗，把声音放到最大。我享受着美妙的音乐，感到自己的心灵得到了真正的自由和放松。我想，我的美丽邻居一定会注意我、羡慕我。

有一天，那个漂亮女孩儿突然来敲我的门，轻声问："我可以进来吗？"我十分惊喜地回答："当然可以，我早就想和你认识认识了！快请进！"我连忙请她坐下，给她倒茶，拿水果， [(4)] 给她留下一个好印象。"你一定很喜欢音乐吧？""你怎么知道的？""你叫爱乐吧？多美的名字啊！我猜你一定很喜欢音乐，所以才叫爱乐。"" [(5)] ，我小时候很喜欢笑，所以叫爱乐，是快乐的"乐"，不是音乐的"乐"。我也喜欢音乐，但我喜欢中国的古典乐曲。"女孩儿说着，脸突然红了。"我，我想……"她不好意思地看着我。"你想说什么就尽管说。"我(6)鼓励她。我想她可能喜欢我，可又不好意思说出来。"那好吧。我说出来你可千万别生气。"女孩儿大胆地看着我。"你天天放音乐，吵得我无法专心学习，也睡不着觉，我觉得我自己都快疯了！我喜欢安静，你放摇滚时能不能把音量放得小一点儿……？"听她这么一说，我都蒙了， [(7)] 不知道说什么好。好久，好久，我才挤出一句话："好，我一定，我一定……"

从那以后，我很少再放音乐。就是放，声音也放得很小。因为那个邻居女孩儿使我懂得：自己认为很优美 [(8)] 的音乐，对别人来说可能会是令人(9)厌恶的噪音。

(1) 空欄(1)を埋めるのに適当なものは，次のどれか。

① 断定　② 坚定　③ 肯定　④ 决定

(2) 空欄(2)を埋めるのに適当なものは，次のどれか。

① 段　② 份　③ 件　④ 篇

(3) 2か所の空欄(3)を埋めるのに適当なものは，次のどれか。

① 既然…就…　② 无论…都…　③ 如果…就…　④ 即使…也…

(4) 空欄(4)を埋めるのに適当なものは，次のどれか。

① 盼望　② 希望　③ 探望　④ 厚望

(5) 空欄(5)を埋めるのに適当なものは，次のどれか。

① 不错　② 怎么　③ 哪里　④ 但是

(6) 下線部(6)の正しいピンイン表記は，次のどれか。

① gǔlì　② gǔlí　③ gùlì　④ gùlí

(7) 空欄(7)を埋めるのに適当なものは，次のどれか。

① 基本　② 根本　③ 基础　④ 根基

(8) 空欄(8)を埋めるのに適当なものは，次のどれか。

① 试听　② 旁听　③ 打听　④ 动听

(9) 下線部(9)の正しいピンイン表記は，次のどれか。

① yànwù　② yàn'è　③ yànwú　④ yān'é

(10) 本文の内容と一致するものは，次のどれか。

① 那个叫爱乐的女孩儿其实对什么音乐都不感兴趣。

② 因为有共同的爱好，我和邻居女孩儿成了朋友。

③ 邻居女孩儿找过我后，我改变了听音乐的方式。

④ 邻居女孩儿来我家是想让我放中国的古典乐曲。

2 1. (1)～(5)の文①～④の中から，正しいものを1つ選び，その番号を解答欄にマークしなさい。 (10点)

(1) ① 你给我再便宜一点儿吧。
② 你再一点儿便宜给我吧。
③ 你便宜再一点儿给我吧。
④ 你给我一点儿再便宜吧。

(2) ① 连我都听过没说那个人的名字。
② 我都没听说过连那个人的名字。
③ 我连那个人的名字都没听说过。
④ 连我都没听过说那个人的名字。

(3) ① 你能给出版社把那篇文章快点儿交吗？
② 你把那篇文章给出版社能快点儿交吗？
③ 你快点儿把那篇文章能交给出版社吗？
④ 你能快点儿把那篇文章交给出版社吗？

(4) ① 我去她家的时候她正躺在沙发上看书呢。
② 我去她家时候她正沙发上躺在看书的呢。
③ 我去她家的时候她在躺沙发上正看书呢。
④ 我她家去时候她正在躺沙发上看书的呢。

(5) ① 要是明天下雨，就我们别锻炼去了吧。
② 要是明天下雨，我们就别去锻炼了吧。
③ 明天要是下雨，就我们去了别锻炼吧。
④ 明天要是下雨，我们就去别锻炼了吧。

2. ⑹～⑽の文の下線を付した語句の意味として最も適当なものを，それぞれ①～④の中から１つ選び，その番号を解答欄にマークしなさい。 (10点)

⑹ 豆豆，你再这么淘气，大家就不跟你玩儿了。

① 任性　② 调皮　③ 自私　④ 无礼

⑺ 他那个人其实没什么本事，你不用理他。

① 能力　② 后台　③ 秘密　④ 脾气

⑻ 老李实在想不通不知什么时候自己就成了别人的包袱了。

① 难题　② 对手　③ 敌人　④ 负担

⑼ 跟他做了这么久的朋友，竟然不知道他是个旱鸭子。

① 喜欢说大话的人　② 不务正业的人

③ 不会游泳的人　④ 做事很慢的人

⑽ 大家都知道小孙是个守口如瓶的人。

① 乱说话　② 说话直　③ 饭量小　④ 嘴巴紧

3 ⑴～⑽の文の空欄を埋めるのに最も適当なものを，それぞれ①～④の中から１つ選び，その番号を解答欄にマークしなさい。 (20点)

⑴ 你要那么说的话，我（　　　）干出点儿成绩给你看看不可。

① 不　② 没　③ 别　④ 非

⑵ 我跟他一点儿也不（　　　），他的事儿我不太知道。

① 熟　② 热　③ 红　④ 白

⑶ 啊呀，你这里乱死了，快（　　　）一下吧。

① 收齐　② 收拾　③ 收集　④ 收起

⑷ 老王做梦也没有想到他会被这么简单的问题（　　　）了。

① 难缠　② 难办　③ 难住　④ 难过

⑸ 你们之间好像有些误会，你再跟他好好儿（　　　）一下吧。

① 变通　② 串通　③ 打通　④ 沟通

⑹（　　　）田中汉语说得那么好，原来他在中国生活过。

① 了不起　② 怪不得　③ 因为　④ 既然

⑺ 他们的恋爱关系早就（　　　）了，你以后别开他俩的玩笑了。

① 结清　② 结算　③ 结束　④ 结果

⑻ 这个重大事故发生后，他们（　　　）采取了应对措施。

① 及时　② 不时　③ 准时　④ 随时

⑼ 你不能用这样的态度（　　　）老师和同学。

① 对接　② 对应　③ 对照　④ 对待

⑽ 他是个非常不（　　　）的摄影师。

① 专业　② 专门　③ 专长　④ 专攻

4 次の文章を読み，(1)～(5)の問いの答えとして最も適当なものを，それぞれ①～④の中から１つ選び，その番号を解答欄にマークしなさい。また，下線部(a)・(b)を日本語に訳し，解答欄(6)に書きなさい。 (20点)

一位女士在机场候机，为了 [(1)] 几个小时的等候时间，她买了一盒饼干、一本书，找了个位子坐下，专心致志地看起书来。突然，她发现身旁的一个青年男子伸出手，毫无顾忌地抓起放在两人中间盒子里的饼干吃了起来。“他 [(2)] 不说一声就吃我的饼干！”这位女士非常生气，但她不想惹事，便忍着没阻止那个青年。

这位女士也开始从那个盒子里拿饼干吃。她看了看表，同时用眼角的余光看到那个“偷”饼干的人居然也在做同样的动作。她更生气了，心想：“ [(3)] 我不是这么有教养的话，早就训斥这个家伙一顿了。”

她吃一块饼干，他也跟着吃一块。剩下最后一块饼干时，他不太自然地笑了笑，伸手拿起那块饼干，掰成两半，给了她一半，自己吃了 [(4)] 一半。她接过那半块饼干，心想：“这个人真是太没礼貌了！吃了我的饼干，连声谢谢都不说！”

(a)<u>听到登机通知后，她急忙把书塞进包里，拿起行李，直奔登机口，看都没看那个“贼”一眼。</u>

登机后，她从包里拿出书想继续看。突然她愣住了，她看见自己的那盒饼干还完好无损地放在包里！现在请求那个青年人原谅已经为时太晚了。她心里非常难过，因为她自己才是那个傲慢无理、没有教养的“贼”。

生活中又何尝不是这样呢？(b)<u>我们总以为事情应该是某种样子，然而后来却发现，事实并不像我们所想象的那样。</u>

(1) 空欄(1)を埋めるのに適当なものは，次のどれか。

① 打破　② 打造　③ 打发　④ 打消

(2) 空欄(2)を埋めるのに適当なものは，次のどれか。

① 果然　② 虽然　③ 显然　④ 竟然

(3) 空欄(3)を埋めるのに適当なものは，次のどれか。

① 如果　② 既然　③ 无论　④ 与其

(4) 空欄(4)を埋めるのに適当なものは，次のどれか。

① 其他　② 另外　③ 别的　④ 还是

(5) 本文の内容と一致するものは，次のどれか。

① 刚开始时，那位女士并没看到青年男子吃盒子里的饼干。

② 青年男子把盒子里剩的最后一块饼干让给了那位女士。

③ 上飞机后，那位女士才发现自己错怪了那位青年男子。

④ 那位女士明白事情真相后立刻向那位青年男子道了歉。

(6) 下線部(a)・(b)を日本語に訳しなさい。

5 (1)〜(5)の日本語を中国語に訳し，解答欄に書きなさい。 (20 点)

(1) 高校に通っていた頃，わたしは毎日公園に行ってジョギングをしていました。

(2) あなたはスキーがどうしてそんなに上手なの？

(3) 夏休みになったらあなたはどこかに遊びに行くつもりですか。

(4) あそこに行きたい人はとても多いので，航空券はまったく予約できません。

(5) たとえあなたがわたしに言わなくても，わたしは何が起こったかを知っています。

リスニング　（⇨問題46頁）

1

解答：(1)❷　(2)❸　(3)❷　(4)❷　(5)❶　(6)❸　(7)❹　(8)❶　(9)❸　(10)❷

1．Aの発話に対するBの問いの答えを選びます。日常会話の一言を聞き取り，すばやく状況をつかむ能力を問います。　（各5点）

04 (1) A：小李，你怎么在这儿？你不是去上海出差了吗？
（李さん，どうしてここにいるの，上海に出張に行ったのではないのですか。）
B：说话人是什么意思？（話し手が言っているのはどういう意味か。）
① 说话人想知道小李怎么去上海的。
（話し手は李さんがどうやって上海に行ったのかを知りたい。）
❷ **说话人没想到会在这里遇到小李。**
（話し手はここで李さんに出会うとは思っていなかった。）
③ 说话人觉得小李该早点儿去出差。
（話し手は李さんが早く出張に行くべきだと思っている。）
④ 说话人对小李从这儿出发感到意外。
（話し手は李さんがここから出発することに対して意外に思っている。）

05 (2) A：这么难懂的专业书，谁能一天看完啊？
（こんなにも分かりにくい専門書を誰が1日で読み終えられるのでしょうか。）
B：说话人是什么意思？（話し手が言っているのはどういう意味か。）
① 说话人想知道谁看完了这本书。
（話し手は誰がこの本を読み終えたかを知りたい。）
② 说话人觉得这本小说太难懂了。
（話し手はこの小説は分かりにくすぎると思っている。）
❸ **说话人认为这本书一天看不完。**
（話し手はこの本は1日では読み終われないと思っている。）
④ 说话人想一天看完这本专业书。
（話し手は1日でこの専門書を読み終わると思っている。）

06 (3) A：这个菜别看菜谱上说得简单，其实根本不是那么回事！（この料理は料理本では簡単だと言っているけれども，実のところ全くそうではないよ。）

B：说话人是什么意思？（話し手が言っているのはどういう意味か。）

① 菜谱上说这个菜做起来非常难。
（料理本ではこの料理は作ってみると非常に難しいと言っている。）

❷ 这个菜实际上并不是那么好做。
（この料理は実際にはそれほど作りやすくはない。）

③ 说话人做的根本不是菜谱上的那个菜。
（話し手が作ったのはまったく料理本で言っているその料理ではない。）

④ 说话人非常不希望别人看着菜谱做菜。
（話し手は他の人が料理を作るときに料理本を見ながら作ってほしくない。）

07 (4) A：王军，这次考试你不好好儿复习，还会不及格的。
（王軍，今回のテストはちゃんと復習しないと，また合格しないよ。）

B：这句话所包含的意思是？（このことばが含んでいる意味は？）

① 王军这次考试又没考及格。
（王軍は今回のテストもまた合格しなかった。）

❷ 王军上次考试也考得不好。
（王軍は前回のテストも出来が良くなかった。）

③ 说话人告诉王军要考试了。
（話し手は王軍にもうすぐテストだと教えた。）

④ 说话人想和王军一起复习。（話し手は王軍と一緒に復習をしたい。）

08 (5) A：你今天要是不说，我真不知道田中已经结婚了。（あなたがきょう言ってくれなかったら，わたしは本当に田中さんがもう結婚したことを知らなかった。）

B：说话人是什么意思？（話し手が言っているのはどういう意味か。）

❶ 说话人今天才知道田中已婚的消息。
（話し手はきょうようやく田中さんが結婚したというニュースを知った。）

② 田中不想告诉我他结婚的消息。
（田中さんはわたしに自分が結婚したというニュースを教えたくない。）

③ 说话人不想让别人知道田中已经结婚了。
（話し手は他人に田中さんがもう結婚したことを知られたくない。）

④ 田中今天也没告诉我他已经结婚了。
（田中さんはきょうもわたしに自分がもう結婚したことを教えなかった。）

2. AとBの対話に続くAのことばを選びます。日常会話の短い対話を聞き取り，すばやく状況をつかんで反応する能力を問います。（各5点）

10 (6) A：听说那家海鲜馆很好吃，周末去吃一次吧。
（あの海鮮料理店はおいしいそうだから，週末に一度食べに行きましょう。）

B：不好意思，我对海鲜过敏，咱们吃别的吧。
（すみません，わたしは海鮮アレルギーなので，別の物を食べましょう。）

A：① 真对不起，我这个周末已经有安排了。
（本当に申し訳ない，今週末はすでに予定があるのです。）

② 太好了，我也不能吃海鲜，吃了就过敏。（よかった，わたしも海鮮は食べられないのです，食べるとアレルギーが出ます。）

❸ 好啊，我吃什么都可以，你想吃什么？（いいですよ，わたしは何を食べてもかまいません。あなたは何を食べたいですか。）

④ 行啊，那就换对面儿的那家海鲜馆吧。
（いいですよ，では向かいのあの海鮮料理店に変えましょう。）

11 (7) A：你是新搬来的吧，我住隔壁，有事儿说一声。（あなたは新しく引っ越してきた方ですね，わたしは隣に住んでいるので，何かあったら声をかけてください。）

B：谢谢！以后肯定有很多事要麻烦你。（ありがとうございます。今後きっとあなたに迷惑をおかけする事が多いと思います。）

A：① 没关系！我也不太清楚谁住在隔壁。
（大丈夫です。わたしも誰が隣に住んでいるかあまりはっきりしません。）

② 好久不见！真没想到在这里遇到你。
（お久しぶりです。本当にここであなたに出会うとは思いませんでした。）

③ 不客气！搬家的事一点儿都不麻烦。
（どういたしまして。引越の件は少しも面倒ではありません。）

❹ 别这么客气！以后我们互相帮助吧。（そんなに遠慮しないで。これからはわたしたちお互いに助け合いましょう。）

12 (8) A：别找了，手表丢了再买一块吧。那块表很贵吗？（もう捜さないで，時計をなくしたのならまた1つ買いなよ。その時計はとても高かったのですか。）

B：不是钱的问题，那是女朋友送给我的生日礼物。（お金の問題ではなくて，あれは恋人がわたしの誕生日プレゼントにくれたものなのです。）

A：❶ 是吗？那一定要好好儿找找，我也帮你一起找吧。（そうですか。ではちゃんと捜さないとね，わたしも一緒に捜してあげましょう。）

② 太不应该了。你怎么能把女朋友的生日忘了呢？
（ありえない。あなたは恋人の誕生日を忘れるはずがないでしょ。）

③ 如果买手表的钱不够，我可以先借给你几千块。（時計を買うお金が足りなければ，わたしが先に何千元か貸してあげましょう。）

④ 你给你女朋友买的这个生日礼物真是太好看了。（あなたが恋人に買ってあげたこの誕生日プレゼントは本当にきれいですね。）

13 (9) A：小王，怎么这么高兴啊，买彩票中奖了吧？
（王さん，どうしてそんなにうれしそうなの，宝くじにでも当たったの？）

B：比中奖还高兴呢。这个周末我不用加班了！（宝くじに当たるよりももっとうれしいよ。今週末は残業する必要がなくなったのだから。）

A：① 太好了！我也很喜欢周末在公司加班。
（よかった。わたしも週末に会社で残業するのがとても好きです。）

② 你运气真好！我买彩票一次都没中过。（本当に運がいいですね。わたしは宝くじを買っても一度も当たったことがありません。）

❸ 真羡慕你啊。我周末一次也没休息过。
（本当に羨ましいなあ。わたしは週末に1度も休んだことがありません。）

④ 中了个大奖，你准备怎么花这些钱呢？
（特賞が当たったら，そのお金をどう使うつもりですか。）

14 (10) A：你这件毛衣的款式又时尚又大方，在哪儿买的？（そのセーターのデザインはファッショナブルで上品ですが，どこで買ったのですか。）

B：我自己织的，你喜欢的话，我也给你织一件吧？
（自分で編んだのです。気に入ったら，あなたにも1枚編んであげましょうか。）

A：① 是吗？那家店就在我家附近，我明天就去买。（そうですか。その店はわたしの家の近くにあるので，あした買いに行きます。）

❷ 那多不好意思啊。等你有时间的时候再说吧。
（それは申し訳なさすぎます。あなたに時間があるときにしましょう。）

③ 这件毛衣的颜色很漂亮，就是款式有点儿老气。
（このセーターの色はきれいですが，かたちがちょっと古くさいですね。）

④ 谢谢你！你喜欢我织的这件毛衣，我太高兴了。
（ありがとう。あなたがわたしの編んだこのセーターを気に入ってくれて，

とてもうれしいです。)

2 500字程度の2つの文章を聞き，内容についての問い5問ずつに答えます。ポイントとなる内容を聞き取り，全体の趣旨をつかむ能力を問います。(各5点)

解答：(1) ❹　(2) ❷　(3) ❸　(4) ❶　(5) ❹　(6) ❹　(7) ❸　(8) ❷　(9) ❹　(10) ❹

(1)〜(5)の中国語

16　每天早上 6 点半，7 岁的赵亮亮都会背上小书包和妈妈一起出门上学。妈妈不是去送他上学，而是和他并排 (bìngpái) 坐在一年级的教室里一起上课。赵亮亮的妈妈叫刘小红，今年 38 岁，她的学号排在最后，是班上第 35 位同学。班里的同学都叫她“妈妈同学”。

刘小红有两个儿子，大儿子已经上六年级了，赵亮亮是老二。问起刘小红为什么这么大年龄还来上小学，她说小时候家里穷，父亲没有能力负担她的学费。于是，刘小红小小的年纪就承担了家里所有的家务和农活。那时候，她除了会写从零到十的数字以外，什么都不会写，连自己的名字都不知道怎么写。结婚后，丈夫教会了她写自己的名字，但其他的字她仍然不会写。没有文化，对刘小红来说，非常痛苦。有一次，她跟丈夫坐火车出门，丈夫在车上睡着了，她因为不认识字，到了地方不知道下车，结果坐过了站。还有一次到超市里去买酱油，也因为不识字而买成了醋。

17　想上学是刘小红多年的愿望，可她一直担心自己年龄太大，学校不收。学校领导知道了她的情况后，不但同意她来上课，还为她申请了学籍，让她成了一名正式的学生。多年的梦想终于实现了，刘小红非常高兴。她说学会认字对她最大的帮助就是，以前不认字，不敢一个人出门，现在去哪里都不怕了。

刘小红的儿子赵亮亮和她是同座，问起赵亮亮他和妈妈谁的成绩好时，赵亮亮说：“我的拼音比妈妈好，可以教她。但是妈妈数学比我好，我不会就问她。”

并排：動横1列に並ぶ，肩を並べる

学号：名学生番号

农活：名農作業

訳：毎朝6時半，7歳の趙亮亮は小さなカバンを背負って，母親と一緒に家を出て学校に通っている。母親は彼を学校に送りに行くのではなく，彼と1年生の教室に並んで座って一緒に授業を受ける。趙亮亮の母親は劉小紅といって，今年38歳で，彼女の出席番号は一番最後で，クラスの35人目の生徒だ。クラスの生徒は皆彼女のことを「媽媽同学」と呼ぶ。

劉小紅には2人の息子がいて，上の息子はもう6年生である。劉小紅になぜこんな年齢にもなって小学校に通ってきているのかと尋ねると，小さいころ家が貧乏で，父親は彼女の学費を負担する能力がなかったと言う。それで，劉小紅が小さいころからあらゆる家事と農作業を担っていた。そのころ，彼女は零から十までの数字を書ける以外は，何も書くことができず，自分の名前すらどう書くのか知らなかった。結婚後，夫が彼女に名前の書き方を教えたが，その他の字はやはり書けなかった。読み書きができないことは，劉小紅にとって非常につらいことであった。あるとき，彼女は夫と汽車に乗って出かけたが，夫は汽車で眠ってしまい，彼女は字が分からなかったために，目的地に着いても下車することが分からず，結局乗り過ごしてしまった。またあるときにはスーパーに醤油を買いに行ったが，字が分からなかったので，酢を買ってしまった。

学校に通いたいというのが劉小紅の長年の願いであったが，彼女はずっと自分は年がいっているので，学校が受け入れてくれないだろうと心配していた。学校の上の人たちは彼女の状況を知ってから，彼女が授業を受けに来るのを承知しただけでなく，彼女のために学籍を申請し，正式な生徒とした。長年の夢がついに実現し，劉小紅は非常に喜んだ。彼女は字を覚えることは自分にとって最大の助けであり，以前は字が分からなかったので，一人で出かける勇気がなかったが，今ではどこに行くのも怖くはなくなったと言っている。

息子の趙亮亮は劉小紅と机を並べて授業を受けており，趙亮亮に彼と母親のどちらの成績が良いかと尋ねると，趙亮亮は「僕のピンインの綴り方はお母さんよりよくできるので，教えることができるよ。でもお母さんは算数が僕よりよくできるので，僕ができなければ，お母さんに聞けるよ。」と話した。

18 (1) 問：赵亮亮和刘小红除了母子关系外，还是什么关系？
（趙亮亮と劉小紅は親子関係以外にどんな関係があるか。）

答：① 师生关系。（師弟の関係。）
② 亲友关系。（親戚・友人の関係。）
③ 同事关系。（同僚の関係。）
❹ 同学关系。（同級生の関係。）

19 (2) 問：刘小红每天早上6点半出门的原因是什么？

（劉小紅が毎朝6時半に家を出る理由は何ですか。）

答：① 因为她要送儿子上学。

（彼女は息子を学校に送らなければならないから。）

❷ 因为她要去学校上课。

（彼女は学校に行って授業を受けなければならないから。）

③ 因为她要去教室打扫卫生。

（彼女は教室に行って掃除をしなければならないから。）

④ 因为她要去给儿子买早饭。

（彼女は息子のために朝ごはんを買いに行かなければならないから。）

20 ⑶ 問：结婚前刘小红的文化程度怎么样？

（結婚前の劉小紅の学力はどの程度でしたか。）

答：① 她会数学，但不会写字。（算数はできたが，字は書けなかった。）

② 她会写字，但不会数学。（字は書けたが，算数はできなかった。）

❸ 不会写名字，也不会数学。

（名前を書けなかったし，算数もできなかった。）

④ 除了名字其他的都不会写。（名前以外ほかのものは書けなかった。）

21 ⑷ 問：赵亮亮是怎样评价他和妈妈的学习成绩的？

（趙亮亮はどのように彼と母親の学習成績を評価していますか。）

答：❶ 他认为他的数学没有妈妈好。

（彼は，算数は母親ほどできないと思っている。）

② 他认为妈妈的拼音比他的好。

（彼は，母親のピンインの綴り方は自分よりもできると思っている。）

③ 他认为他的数学和拼音跟妈妈一样好。（彼は，自分の算数とピンインの綴り方は母親と同じくらいできると思っている。）

④ 他认为他的数学和拼音都没有妈妈好。（彼は，自分の算数もピンインの綴り方も母親ほどできないと思っている。）

22 ⑸ 問：与本文内容不相符的是以下哪一项？

（本文の内容に合わないものは，次のどれか。）

答：① 赵亮亮班里一共有35个学生。

（趙亮亮のクラスは全部で35人の生徒がいる。）

② 因为不认字，刘小红买错过东西。

（字が分からなかったので，劉小紅は間違って買い物をしたことがある。）

③ 刘小红年龄很大，但，她是正式的学生。
（劉小紅は年齢は高いが，正式な生徒である。）

❹ **刘小红上学后学会了写自己的名字。**
（劉小紅は学校に行ってから自分の名前を書けるようになった。）

⑹～⑽の中国語

30 艾琳娜是法国一所大学的三年级学生，她学的是法律。她爸爸从事贸易工作，经常来中国出差。虽然艾琳娜小时候没来过中国，但因为爸爸工作的关系，对中国并不陌生。艾琳娜一上大学就选修了汉语，她说以后要亲身体验一下中国的生活。

今年 9 月，艾琳娜作为交换留学生来到中国，开始了为期（wéiqī）半年的留学生活。艾琳娜的汉语虽然有点儿口音（kǒuyin），但基本的日常会话一点儿问题也没有。来中国后艾琳娜特别喜欢一个人到处走走看看。有一天她在外面吃饭时听到饭店老板问另一位顾客："你要不要饺子汤？"艾琳娜感到非常好奇（hàoqí）：饺子我在法国也吃过，但饺子汤是什么呢？饺子汤的味道一定非常好，要不老板怎么会这样向客人推荐呢？我下次一定要尝尝饺子汤。

31 一个月后中国的春节到了，艾琳娜为自己能在中国过春节感到无比（wúbǐ）高兴。她到餐馆买了半斤生饺子，决定回去自己做饺子汤！她问老板怎样做，老板说水开以后把饺子下到锅里煮十分钟左右就可以了。

回到家艾琳娜就开始煮饺子了，可时间到了，水面上还浮动（fúdòng）着完完整整的饺子。艾琳娜想老板肯定是把时间说错了，饺子汤一定是要把饺子煮烂，时间要长一点才行！一个多小时后锅内的饺子终于不见踪影（zōngyǐng）了，艾琳娜端着这样的饺子汤边喝边想：中国的饮食文化真值得学习，回国后一定要告诉爸爸，中国的饺子好吃，用饺子做的汤也超级棒！

亲身：形自らの，自ら
为期：動期間を…とする
口音：名なまり
好奇：形興味を持つ
无比：動無比である，無類である。よい意味に用いられる
浮动：動流れ動く
踪影：名跡形，形跡。否定のかたちで用いる

訳：エレーナはフランスのある大学の３年生の学生で，学んでいるのは法律である。彼女の父親は貿易の仕事をしていて，よく中国に出張に来る。エレーナは小さいころ中国に来たことはなかったが，父親の仕事の関係で，中国にはなじみがあった。エレーナは大学に入ったら中国語を履修して，これから身をもって中国の生活を体験してみたいと言っていた。

今年の９月，エレーナは交換留学生として中国に来て，半年間の留学生活を始めた。エレーナの中国語は少しなまりがあるが，基本的な日常会話は少しも問題ない。中国に来てからエレーナは特に一人であちこち見て歩くのが好きだ。ある日，外で食事をしていると，店主が客に「餃子湯は要りませんか。」と聞くのを耳にした。エレーナは非常に不思議に思った。「ギョーザはわたしもフランスで食べたことがあるけれど，餃子湯って何なんだろう？餃子湯の味はきっととてもおいしいのだわ。でないと店主はこんなふうにお客さんに勧めないだろうから。次回は絶対餃子湯を味わってみよう。」

１か月後，中国の春節になり，エレーナは自分が中国で春節を過ごせるのがこの上なくうれしく感じた。彼女はレストランに行って生のギョーザを半斤買って，戻ってから自分で餃子湯を作ることに決めた。彼女が店主にどうやって作るのかと尋ねると，店主は湯が沸騰したらギョーザを鍋に入れて10分ぐらい煮るといいと言った。

家に帰るとエレーナはすぐにギョーザを煮始めたが，時間がきても，まだ元のままのギョーザが浮いていた。エレーナは店主が絶対に時間を言い間違えたのだ，餃子湯はきっとギョーザを煮崩れさせないといけないから，時間を長くすればいいのだと思った。１時間以上たって鍋の中のギョーザはとうとう跡形もなくなり，エレーナはこのような餃子湯を持ち上げて飲みながら思った。「中国の飲食文化は本当に学ぶ価値があるわ，帰国したらパパに絶対言わなきゃ，中国のギョーザはおいしくて，ギョーザで作ったスープもめちゃくちゃすばらしい。」って。

32 ⑹ 問：艾琳娜上大学几年级，她的专业是什么？
(エレーナは大学何年生で，専攻は何か。)

答：① 大学一年级，专业是汉语。(大学１年生で，専攻は中国語。)
② 大学三年级，专业是汉语。(大学３年生で，専攻は中国語。)
③ 大学一年级，专业是法律。(大学１年生で，専攻は法律。)
❹ 大学三年级，专业是法律。(大学３年生で，専攻は法律。)

33 ⑺ 問：艾琳娜是通过什么方式来的中国？

(エレーナはどういう方法で中国に来たのか。)

答：① 她爸爸出差带她来的。(彼女の父親が出張に彼女を連れて来た。)

② 她因为工作关系来的。(彼女は仕事の関係で来た。)

❸ 她通过学校间的交流来的。(彼女は学校間の交流で来た。)

④ 她通过自费短期留学来的。(彼女は自費の短期留学で来た。)

34 (8) 問：艾琳娜要在中国待多长时间？

(エレーナは中国にどれくらい滞在する予定か。)

答：① 一个月。(1か月。)

❷ 六个月。(6か月。)

③ 九个月。(9か月。)

④ 一年半。(1年半。)

35 (9) 問：来中国时，艾琳娜的汉语怎么样？

(中国に来たとき，エレーナの中国語はどうであったか。)

答：① 发音非常标准，日常会话完全没问题。

(発音は非常に正確で，日常会話は全く問題なかった。)

② 发音很不标准，日常会话有很大问题。

(発音はとても不正確で，日常会話には大きな問題があった。)

③ 发音不太标准，日常会话有点儿问题。

(発音はあまり正確でなく，日常会話は少し問題があった。)

❹ 发音不太标准，日常会话完全没问题。

(発音はあまり正確でなかったが，日常会話は全く問題なかった。)

36 (10) 問：与本文内容相符的是以下哪一项？

(本文の内容に合うものは，次のどれか。)

答：① 艾琳娜来中国前一次饺子也没吃过。

(エレーナは中国に来る前に一度もギョーザを食べたことがなかった。)

② 老板把做饺子汤需要的时间说错了。

(店主は餃子湯を作るのに必要な時間を言い間違えた。)

③ 艾琳娜小时候经常跟爸爸来中国出差。

(エレーナは小さいころよく父親と中国に出張に来た。)

❹ 艾琳娜觉得自己做的饺子汤非常好喝。

(エレーナは自分が作った餃子湯は非常においしいと思った。)

筆　記（⇨問題50頁）

1 600字程度の文章を読み，流れをつかんで適当な語句を補う8問，正しいピンインを選ぶ1問，内容の理解を問う1問に答えます。語句の知識と読解力を問います。（各2点）

解答：(1)❸　(2)❶　(3)❹　(4)❷　(5)❸　(6)❶　(7)❷　(8)❹　(9)❶　(10)❸

大学毕业后，我找到了一份工作，开始自己租房（zūfáng）住。邻居是个漂亮的女孩儿，更让我高兴的是，我发现那个女孩儿的名字叫爱乐。我自己也是个音乐迷，最喜欢的是摇滚乐（yáogǔnyuè）。我想，热爱音乐的人都是热爱生活、非常乐观的人，这个美丽的女孩儿 (1)肯定 也是。

每天下班以后，我要做的第一件事就是打开音响（yīnxiǎng），放一 (2)段 激情（jīqíng）洋溢（yángyì）的摇滚乐。 (3)即使 回家很晚，我 (3)也 一定要先放音乐，再做其他事。放音乐时我有个习惯：打开门窗，把声音放到最大。我享受着美妙（měimiào）的音乐，感到自己的心灵（xīnlíng）得到了真正的自由和放松。我想，我的美丽邻居一定会注意我、羡慕我。

有一天，那个漂亮女孩儿突然来敲我的门，轻声问："我可以进来吗？"我十分惊喜地回答："当然可以，我早就想和你认识认识了！快请进！"我连忙请她坐下，给她倒（dào）茶，拿水果， (4)希望 给她留下一个好印象。"你一定很喜欢音乐吧？""你怎么知道的？""你叫爱乐吧？多美的名字啊！我猜你一定很喜欢音乐，所以才叫爱乐。"" (5)哪里 ，我小时候很喜欢笑，所以叫爱乐，是快乐的"乐"，不是音乐的"乐"。我也喜欢音乐，但我喜欢中国的古典乐曲。"女孩儿说着，脸突然红了。"我，我想……"她不好意思地看着我。"你想说什么就尽管说。"我(6)鼓励她。我想她可能喜欢我，可又不好意思说出来。"那好吧。我说出来你可千万别生气。"女孩儿大胆地看着我。"你天天放音乐，吵得我无法专心学习，也睡不着觉，我觉得我自己都快疯了！我喜欢安静，你放摇滚时能不能把音量放得小一点儿……？"听她这么一说，我都蒙了， (7)根本 不知道说什么好。好久，好久，我才挤出一句话："好，我一定，我一定……"

从那以后，我很少再放音乐。就是放，声音也放得很小。因为那个邻居女孩儿使我懂得：自己认为很优美 (8)动听 的音乐，对别人来说可能会是令人(9)<u>厌恶</u>的噪音（zàoyīn）。

租房：動部屋を賃借する

音乐迷：名（熱狂的な）音楽ファン，音楽マニア

摇滚乐：名ロックンロール，ロック

音响：名音響機器，オーディオ

激情：名激情，あふれるような思い

洋溢：動満ちあふれる

美妙：形すばらしい，うるわしい

心灵：名心

大胆：形大胆である

无法：形…する方法がない，…しようがない

疯：動気がおかしくなる

蒙：動（頭が）ぼうっとする，ぼんやりする

挤：動絞り出す

厌恶：動（人や物事を）嫌悪する

噪音：名騒音，ノイズ

訳：大学を卒業して，わたしは仕事を見つけ，部屋を借りて住み始めた。お隣はきれいな女の子で，さらにわたしをうれしくさせたのは，その女の子の名前が「愛楽」だと分かったことである。わたし自身も音楽ファンで，最も好きなのはロックだ。わたしは音楽を心から愛する人は皆生活を愛し，とても楽観的な人だと思うので，この美しい女の子もきっとそうだろうと思った。

毎日退社してから，わたしがする第一のことはオーディオのスイッチを入れ，情熱に満ちたロックをかけることである。たとえ帰宅するのが遅くても，必ずまず音楽をかけてから，他のことをする。音楽をかけるときには癖があって，窓を開けて，音量を最大にする。わたしは美しい音楽を楽しみ，自分の魂が本当の自由とリラックスを得たと感じる。わたしの美しい隣人はきっとわたしに注意を払い，わたしを羨ましがるだろうと思った。

ある日，そのきれいな女の子が突然ドアをノックして，小声で，「入っていいですか。」と尋ねた。わたしは驚喜して，「もちろんどうぞ，僕はずっと前から君と知り合いになりたかったのです。さあ，早く入ってください。」と答えた。わたしは急いで彼女に座ってもらい，お茶を入れ，果物を出し，良い印象を与えたいと思った。「君はきっと音楽がとても好きなんだよね。」，「どうして分かるのですか。」，「君は愛楽（Àiyuè）って名前でしょう？なんて美しい名前なんだ。きっととても音楽が好きだから，愛楽って名前なんだと思うんだけど。」，「い

えいえ，わたしは小さいころ笑うのがとても好きだったので，愛楽（Àilè）と言います，愛楽（Àiyuè）ではありません。わたしも音楽が好きですが，中国の古典音楽が好きです。」女の子はそう言うと，突然顔を赤らめた。「わたし，わたし…」彼女は恥ずかしそうにわたしを見た。「言いたいことがあれば遠慮なく言ってよ。」とわたしは彼女を励ました。わたしは，彼女はたぶんわたしのことが好きで，でも恥ずかしくて言い出せないのだろうと思った。「分かったわ。言っても絶対に怒らないでね。」女の子は大胆にわたしを見た。「あなたが毎日音楽をかけるので，うるさくて勉強ができないし，眠れなくて，わたしはもう気がおかしくなりそうなのです。わたしは静かなのが好きなので，ロックをかけるときには音量をもう少し小さくしてもらえないでしょうか…。」彼女がそう言うのを聞いて，わたしはぼうっとして，全くどう言えばいいのか分からなかった。しばらくしてから，わたしは，「分かったよ，きっと，必ず…。」ということばを絞り出した。

それ以後，わたしはもうめったに音楽をかけない。たとえかけたとしても，音量は小さくしている。なぜならそのお隣の女の子がわたしに，自分が美しく，感動的だと思っている音楽も，ときとして他人にはひどい騒音なのだということを分からせてくれたからだ。

⑴ 空欄補充

我想，热爱音乐的人都是热爱生活、非常乐观的人，这个美丽的女孩儿 ＿＿ 也是（わたしは音楽を心から愛する人は皆生活を愛し，とても楽観的な人だと思うので，この美しい女の子もきっとそうだろうと思った）

① 断定（duàndìng 動断定する）
② 坚定（jiāndìng 形〔意志や立場が〕しっかりしている）
❸ 肯定（kěndìng 副きっと，間違いなく）
④ 决定（juédìng 動決定する）

“也是”の後には“是”の目的語である“热爱生活、非常乐观的人”が略されています。③の“肯定”は「きっと，必ず」という連用修飾語で，「この美しい女の子もきっと生活を愛し，とても楽観的な人だ」という意味になり，話者の客観的判断を表す文脈に合います。目的語の重複を省いた“肯定也是”で「きっとそうだ」となります。③を選びます。

⑵ 空欄補充

每天下班以后，我要做的第一件事就是打开音响，放一 ＿＿ 激情洋溢的

摇滚乐（毎日退社してから，わたしがする第一のことはオーディオのスイッチを入れ，情熱に満ちたロックをかけることである）

❶ 段（duàn 量音楽・劇・文章・話の一部分の区切り，下り，節を数える）

② 份（fèn 量新聞・雑誌・書類・電報などを数える）

③ 件（jiàn 量出来事や衣類〔主として上着〕などを数える）

④ 篇（piān 量文章・論文などを数える）

量詞の問題です。ここは音楽の“摇滚乐”を数えるのに用いる量詞が入ります。①を選びます。

⑶ 空欄補充

＿＿＿ 回家很晚，我 ＿＿＿ 一定要先放音乐，再做其他事

（たとえ帰宅するのが遅くても，必ずまず音楽をかけてから，他のことをする）

① 既然…就…（jìrán…jiù… …である以上は…）

② 无论…都…（wúlùn…dōu… …であろうとすべて…）

③ 如果…就…（rúguǒ…jiù… もし…だったら…）

❹ **即使…也…**（jíshǐ…yě… たとえ…としても…）

複文の問題です。“回家很晚”（帰宅が遅くなる）と“一定要先放音乐，再做其他事”（必ずまず音楽をかけてから，他のことをする）の関係を考えると，前半が仮定を表し，後半でその仮定する状況に影響されない結果を示す複文であると分かります。④を選びます。

⑷ 空欄補充

我连忙请她坐下，给她倒茶，拿水果，＿＿＿ 给她留下一个好印象（わたしは急いで彼女に座ってもらい，お茶を入れ，果物を出し，良い印象を与えたいと思った）

① 盼望（pànwàng 動待ち望む）

❷ 希望（xīwàng 動希望する）

③ 探望（tàiwàng 動〔わざわざ，遠路はるばる〕見舞う）

④ 厚望（hòuwàng 名大きな期待）

話者は突然の彼女の訪問を受けたとはいえ，細心の気配りをして迎えて彼女に好印象を与えることを望んでいるという文脈です。②が合います。「（彼女の何かを）待ち望んでいる」わけでもなく，「（彼女を）見舞う」わけでもなく，④の「（彼女に）大きな期待」をよせているわけでもな

いことから，①③④は不適当です。

⑸ 空欄補充

□，我小时候很喜欢笑，所以叫爱乐，是快乐的“乐”，不是音乐的“乐”（いえいえ，わたしは小さいころ笑うのがとても好きだったので，愛楽〔Àilè〕と言います，愛楽〔Àiyuè〕ではありません）

① 不错（búcuò [形]悪くない，よい）

② 怎么（zěnme [代]どうして，どのように）

❸ 哪里（náli [代]〔謙遜語の〕いえいえ）

④ 但是（dànshì [接]しかし，けれども）

ここでは，話者が“多美的名字啊”（なんて美しい名前なんだ）とほめ称えたうえで名前の由来を確認しています。それに対する否定的気持ちを表して謙譲することばとして，“哪里”が適当です。③を選びます。①②④はいずれも文脈に外れます。

⑹ ピンイン表記

❶ **gǔlì**

② gǔlí

③ gùlì

④ gùlí

基本的な語ですから，確実に覚えておきましょう。

⑺ 空欄補充

听她这么一说，我都蒙了，□不知道说什么好（彼女がそう言うのを聞いて，わたしはぼうっとして，全くどう言えばいいのか分からなかった）

① 基本（jīběn [形]基本的な）

❷ 根本（gēnběn [副]全く，まるで）

③ 基础（jīchǔ [名]基礎，基点）

④ 根基（gēnjī [名]土台，基盤）

ここは，彼女のことばを聞いて，それにどう対応してよいか分からないという場面です。ここに入る語は否定文に用いられ，強く否定することを示す副詞の“根本”が合います。②を選びます。①③④は文脈上も文法的にも適合しません。

⑻ 空欄補充

因为那个邻居女孩儿使我懂得：自己认为很优美□的音乐，对别人来说可能会是令人厌恶的噪音（なぜならそのお隣の女の子がわたしに，自分が美しく，感動的だと思っている音楽も，ときとして他人にはひどい騒音なのだということを分からせてくれたからだ）

① 试听（shìtīng [動]試聴する）

② 旁听（pángtīng [動]傍聴する）

③ 打听（dǎtīng [動]尋ねる）

❹ 动听（dòngtīng [形]〔聞いて〕感動的である）

　ここでは，熱狂的なロックファンである話者が彼女に意見をされて，反省の気持を表明している箇所です。一般的にも“音乐”に対して「たとえプラスのイメージを持っていても…，他人にとっては逆に負の感覚を持つことがある」という文脈で，音楽に対する修飾語として，「美しく」の次に来る語として「感動的である」が合います。④を選びます。①②③の語はいずれも適合しません。

⑼ ピンイン表記

❶ yànwù

② yàn'è

③ yànwú

④ yān'é

　“恶”の発音に注意が必要です。「憎む，嫌う」という意味で用いるときは“wù”です。

⑽ 内容の一致

① 那个叫爱乐的女孩儿其实对什么音乐都不感兴趣。
（その愛楽という名の女の子は実のところどんな音楽にも興味はなかった。）

② 因为有共同的爱好，我和邻居女孩儿成了朋友。
（共通の趣味があったので，わたしとお隣の女の子は友達になった。）

❸ 邻居女孩儿找过我后，我改变了听音乐的方式。
（お隣の女の子が訪ねてきた後，わたしは音楽の聴き方を変えた。）

④ 邻居女孩儿来我家是想让我放中国的古典乐曲。（お隣の女の子が我が家に来たのは，わたしに中国の古典音楽をかけてもらいたかったからだ。）

23 行目“从那以后，我很少再放音乐。就是放，声音也放得很小”（それ以後，わたしはもうめったに音楽をかけない。たとえかけたとしても，音量は小さくしている）というのは，女の子が訪ねてきた後のことで，③と一致します。③を選びます。①は 15 行目“我也喜欢音乐，但我喜欢中国的古典乐曲”（わたしも音楽が好きですが，中国の古典音楽が好きです）と一致しません。②は，女の子が訪ねてきたのは，話者が窓を開けて，ロックの音響音量を最大にすることに抗議をするためであったことが全体的に述べられており，一致しないことが分かります。④は 19 行目“你天天放音乐，吵得我无法专心学习，也睡不着觉，我觉得我自己都快疯了！我喜欢安静，你放摇滚时能不能把音量放得小一点儿……？”（あなたが毎日音楽をかけるので，うるさくて勉強ができないし，眠れなくて，わたしはもう気がおかしくなりそうなのです。わたしは静かなのが好きなので，ロックをかけるときには音量をもう少し小さくしてもらえないでしょうか…）という女の子のことばと一致しません。

2

解答：(1)❶　(2)　❸　(3)❹　(4)❶　(5)❷　(6)❷　(7)❶　(8)❹　(9)❸　(10)❹

1．正しい文を選びます。語順や語句の用法の理解を問います。　　（各 2 点）

(1) ❶ **你给我再便宜一点儿吧。**（さらにもうちょっと安くしてください。）
② 你再一点儿便宜给我吧。
③ 你便宜再一点儿给我吧。
④ 你给我一点儿再便宜吧。

数量詞の“一点儿”は形容詞（ここでは“便宜”）の後に用いて，比較しているニュアンスが含まれます。“一点儿”が“便宜”の前に置かれている②④はまず不適当と分かります。また，副詞の“再”は形容詞（“便宜”）の前に用いて程度が高まることを表しますから，③も不適当な語順と分かります。①を選びます。

(2) ① 连我都听过没说那个人的名字。
② 我都没听说过连那个人的名字。
❸ **我连那个人的名字都没听说过。**
（わたしはその人の名前さえも聞いたことはない。）

④ 连我都没听过说那个人的名字。

“连…都…”は「…さえ…」という強調を示します。極端な例を挙げて，ましてほかの場合は言うまでもなくという意味を表しますが，強調される部分は“连A都…”のAの部分に入れます。ここでは“那个人的名字”がAに当たりますから，まず①④は不適当です。②も“连那个人的名字”の位置が不適当です。また，経験を表す“过”は，伝聞を表す“听说”の後に置きますから，この点でも①④の語順が不適当です。③を選びます。

(3) ① 你能给出版社把那篇文章快点儿交吗？
② 你把那篇文章给出版社能快点儿交吗？
③ 你快点儿把那篇文章能交给出版社吗？
❹ **你能快点儿把那篇文章交给出版社吗？**
（その文章を早く出版社に渡せますか。）

“把”を用いた文では，助動詞（“能”）を“把”の前に置きますから，まず②③が不適当と分かります。また，“把”構文は「“把”＋目的語＋動詞＋α」という構造で，処置の結果を示すため，ここの動詞は必ずほかの要素を伴い単独では用いられません。①は不適当となります。“把”構文の条件と語順をいずれも満たしている④を選びます。

(4) ❶ **我去她家的时候她正躺在沙发上看书呢。**（わたしが彼女の家に行ったとき，彼女はちょうどソファーに横になって読書をしていた。）
② 我去她家时候她正沙发上躺在看书的呢。
③ 我去她家的时候她在躺沙发上正看书呢。
④ 我她家去时候她正在躺沙发上看书的呢。

まず，いずれも冒頭で「彼女の家に行ったとき」という，ある一区切りの時間が示される記述があります。「…のとき」が“…的时候”のかたちでない②④は不適当です。③の“在躺沙发上…”は「動詞＋“在”＋場所」に照らして語順が間違っています。「“正”＋動詞（＋目的語）」という状態の持続を表す正しい語順に照らしても①が適当です。

(5) ① 要是明天下雨，就我们别锻炼去了吧。
❷ **要是明天下雨，我们就别去锻炼了吧。**（もしあした雨が降れば，わたし

たちはトレーニングに行かないことにしよう。）

③ 明天要是下雨，就我们去了别锻炼吧。

④ 明天要是下雨，我们就去别锻炼了吧。

“要是…就…”は仮定の表現です。“要是”は文頭か主語の後に置かれるため，“明天”の位置で正否は決められません。“要是”と呼応する“就”は接続詞ではなく副詞なので，名詞の前には置かないので①③は不適当だと分かります。そして，連動文の“去锻炼”を否定する副詞の“别”の位置は，④のように動詞と動詞の間ではなく，最初の動詞の前に置かれます。④は不適当となります。②を選びます。

2. 同じ意味になる語句を選びます。語句の意味についての知識を問います。

（各 2 点）

(6) 豆豆，你再这么淘气（táoqì），大家就不跟你玩儿了。

（豆豆，これ以上いたずらをしたら，みんなは遊んでくれないよ。）

① 任性（rènxìng [形]〔自分の思うとおりにして〕わがままである，勝手気ままである）

❷ 调皮（tiáopí [形]いたずらである）

③ 自私（zìsī [形]利己的である）

④ 无礼（wúlǐ [形]無礼である）

“淘气”は「[形]いたずら，わんぱくである」という意味なので，②を選びます。

(7) 他那个人其实没什么本事（běnshi），你不用理他。

（彼という人は実際なんの能力もないので，君は相手にする必要はない。）

❶ 能力（nénglì [名]能力，技量）

② 后台（hòutái [名]後ろ盾）

③ 秘密（mìmì [名]秘密）

④ 脾气（píqi [名]気性）

“本事”は「[名]才能，能力」という意味なので，①を選びます。なお，問題文中の“理”は「[動]相手にする，取り合う」という意味で，多く否定文に使います。

(8) 老李实在想不通不知什么时候自己就成了别人的包袱（bāofu）了。

（李さんは自分がいつ他人のお荷物になったのかどうしても納得がいかない。）

① 难题（nántí [名]難題）

② 对手（duìshǒu [名]ライバル）

③ 敌人（dírén [名]敵）

❹ 负担（fùdān [名]〔生活・精神上の〕負担）

“包袱”は「[名]（精神的な）負担，悩みの種，重荷」という意味ですから，④を選びます。なお，問題文中の“想不通”は「[動]納得がいかない，理解に苦しむ」という意味です。

(9) 跟他做了这么久的朋友，竟然不知道他是个旱鸭子（hànyāzi）。（彼と長く付き合っている友達もなんと彼がかなづちだということを知らなかった。）

① 喜欢说大话的人（xǐhuan shuō dàhuà de rén ほらを吹くのが好きな人）

② 不务正业的人（bú wù zhèng yè de rén 正業に励まない人）

❸ 不会游泳的人（bú huì yóuyǒng de rén 泳ぐことができない人）

④ 做事很慢的人（zuòshì hěn màn de rén ことを行うのが遅い人）

“旱鸭子”は，ユーモアを含んだ言い方ですが，「[名]泳ぎのできない人，金づち」という意味ですから，③を選びます。

(10) 大家都知道小孙是个守口如瓶（shǒukǒu-rúpíng）的人。（みんなは孫くんが非常に口の堅い人だと知っている。）

① 乱说话（luàn shuōhuà でたらめを言う）

② 说话直（shuōhuà zhí 話が正直である）

③ 饭量小（fànliàng xiǎo 小食である）

❹ 嘴巴紧（zuǐba jǐn 口が堅い）

“守口如瓶”は「[成]〔瓶の口を封じたように〕口がきわめて堅い，秘密を厳守する」という意味ですから，④を選びます。

3 適当な語句を補います。読解力と語句の知識を問います。（各2点）

解答：(1)❹　(2)❶　(3)❷　(4)❸　(5)❹　(6)❷　(7)❸　(8)❶　(9)❹　(10)❶

(1) 要那么说的话，我（ 非 ）干出点儿成绩给你看看不可。（君がそんなふうに言うのであれば，わたしも成果を出して君に見てもらわないわけにはいかない。）

① 不（bù 副…しない）

② 没（méi 副…しなかった）

③ 别（bié 副…するな）

❹ 非（fēi 副〔“非…不可”のかたちで〕ぜひとも…でなければならない）

まず，問題文末の“不可”に注目すれば，“非”と呼応した“非…不可”のかたちで，必然性または必要性を表す表現だと分かります。つまり二重否定の慣用表現です。④を選びます。“非”と“不可”の間には名詞・代詞のほかに動詞句が入ります。①②③の否定副詞とは呼応しません。

⑵ 我跟他一点儿也不（ 熟 ），他的事儿我不太知道。

（わたしは彼と少しも親しくないので，彼のことをわたしはあまり知りません。）

❶ 熟（shú 形よく知っている，親しい，慣れている）

② 热（rè 形人気がある，歓迎される）

③ 红（hóng 形人気がある，評判のよい）

④ 白（bái 動白い眼で見る，冷たい眼で見る）

後半で「彼のことをあまり知らない」と述べ，前半でその理由が述べられている文です。介詞の“跟”で動作に関わる対象“他”を示し，「彼に対してどうか」を述べています。つまり，“跟他一点儿也不…”（彼とは少しも…でない）と言っているわけですから，文脈からも①が適当だと分かります。例えば“我跟他很熟。”（彼とたいへん親しい）はよく使われる表現でもあります。①を選びます。②③④は意味上も文法的にも適合しません。

⑶ 啊呀，你这里乱死了，快（ 收拾 ）一下吧。

（おやまあ，あなたのところはひどく散らかっているね，早く片づけなさい。）

① 收齐（shōuqí 動集め終わる，全部集める）

❷ 收拾（shōushi 動片づける，整理する）

③ 收集（shōují 動集める，収集する）

④ 收起（shōuqǐ 動〔物を〕しまっておく）

ここは（部屋が）“乱死”（ひどく散らかっている）な状況を注意していることが容易に想定できます。「（部屋を）片づける」は②です。②を選択します。①③④はいずれも文脈上不適当です。

(4) 老王做梦也没有想到他会被这么简单的问题（ 难住 ）了。
（王さんは自身がそんな簡単な問題に困り果てるとは夢にも思わなかった。）

① 难缠（nánchán 形手ごわい，始末が悪い）

② 难办（nánbàn 形やりにくい，処理しにくい）

❸ 难住（nánzhù 動難儀させる，参ってしまう）

④ 难过（nánguò 形つらい，苦しい）

“想到”に続いているのは，介詞“被”を用いた受け身文です。“被”を用いた受け身文は悪いことに用いられることが多いのです。受け身の動作の主体（ここでは“这么简单的问题”）の後には動詞が来ます。③だけが動詞（“难住”は厳密には「動詞＋結果補語」）です。意味の点でも適合します。③を選択します。

(5) 你们之间好像有些误会，你再跟他好好儿（ 沟通 ）一下吧。（あなたたちの間にはちょっとした誤解があるようなので，あなたはもう一度彼とちゃんと意思の疎通をはかれば。）

① 变通（biàntōng 動融通をきかす，臨機応変にやる）

② 串通（chuàntōng 動結託する，気脈を通じる）

③ 打通（dǎtōng 動〔障害物を取り除いて〕通じさせる，貫通させる）

❹ 沟通（gōutōng 動〔意思·文化を〕疎通させる，コミュニケーションを取る）

①～④，いずれも広い意味で「通じる，通じさせる」を示しますが，ここは「(二人の間にある）誤解を解くために，コミュニケーションをはかるようにと意見する」という文脈です。意思の疎通をはかるという意味の④が適当と判断できます。④を選びます。

(6)（ 怪不得 ）田中汉语说得那么好，原来他在中国生活过。（道理で田中さんは中国語がうまいわけだ，元々中国で生活したことがあるのだから。）

① 了不起（liǎobuqǐ 形すばらしい，大したものだ）

❷ 怪不得（guàibude 副道理で〔なるほど〕…だ）

③ 因为（yīnwei 接…なので，…のために）

④ 既然（jìrán 接…である以上，…したからには）

②の“怪不得”は，原因が分かったために，ある状況を不思議と感じなくなったことを示します。後半の副詞“原来”も話し手が今まで気がつかなかったことに気づいたことを表します。後半の文意が「そうか…

だったのだから」となり，前半の“怪不得”と符合します。文脈上も適合します。②を選びます。①の“了不起”は「人や事がらが普通ではなく，すぐれて際立っていること」を言います。③④も文脈的に合いません。

(7) 他们的恋爱关系早就（ 结束 ）了，你以后别开他俩的玩笑了。（彼らの恋愛関係はとっくに終わったので，君は今後彼ら 2 人のことをからかってはいけないよ。）

① 结清（jiéqīng 動〔勘定を〕清算する）
② 结算（jiésuàn 動決算する）
❸ 结束（jiéshù 動終わる，打ち切る）
④ 结果（jiéguǒ 動とどめを刺す，処分する）

後半の「“开”+（所有格）目的語+“玩笑”」で「…をからかう，ちゃかす」という意味です。ここでは“别”でそのことを禁止しているわけです。その理由を前半で述べています。①〜④いずれも広い意味で「清算する，終わらせる，結着をつける」を示しますが，「恋愛関係の終了」は③です。③を選びます。

(8) 这个重大事故发生后，他们（ 及时 ）采取了应对措施。
（この重大な事故が発生した後，彼らはときを移さず対応措置を取った。）

❶ 及时（jíshí 副さっそく，ときを移さず，すぐに）
② 不时（bùshí 副たびたび，折につけ）
③ 准时（zhǔnshí 形定刻どおりである）
④ 随时（suíshí 副随時，いつでも）

「重大事件発生後の対応措置」について述べている文です。文脈上，①が適当です。①を選びます。②③④はいずれも合いません。

(9) 你不能用这样的态度（ 对待 ）老师和同学。
（君はそのような態度で先生や同級生に応対してはいけない。）

① 对接（duìjiē 動〔人工衛星や宇宙船の〕ドッキングする，結合する）
② 对应（duìyìng 動対応する，応じる）
③ 对照（duìzhào 動対照する，照らし合わせる）
❹ 对待（duìdài 動〔ある種の態度や行動で人・ことに〕応対する，接する）

先生や同級生に対する態度について述べている文です。④は「応対する」意味ですが，「ある種の態度や行動をもって」という意味を包含しています。④を選びます。

⑽ 他是个非常不（ 专业 ）的摄影师。

（彼はきわめて専門的レベルの知識に欠けたカメラマンだ。）

❶ 专业（zhuānyè 形 専門的レベルの知識・技能を具えている）

② 专门（zhuānmén 形〔もっぱらそのことを〕専門とする）

③ 专长（zhuāncháng 名 専門的知識・技能）

④ 专攻（zhuāngōng 動 専攻する）

ここでは，「専門」でも，「プロ的な知識・技能を持ち合わせているかどうか」を問題にしているわけですから，①が合っています。①を選びます。

4 500字程度の文章を読み，流れをつかんで適当な語句を補う4問，内容の理解を問う1問，日本語に訳す1問に答えます。語句の知識，読解力，日本語の翻訳力を問います。

（⑴～⑸各2点，⑹各5点）

解答：⑴❸ ⑵❹ ⑶❶ ⑷❷ ⑸❸ ⑹⇨86頁

一位女士在机场候机，为了 ⑴打发 几个小时的等候时间，她买了一盒饼干、一本书，找了个位子坐下，专心致志（zhuānxīn-zhìzhì）地看起书来。突然，她发现身旁的一个青年男子伸出手，毫无（háo wú）顾忌（gùjì）地抓起放在两人中间盒子里的饼干吃了起来。“他 ⑵竟然 不说一声就吃我的饼干！”这位女士非常生气，但她不想惹事（rěshì），便忍（rěn）着没阻止（zǔzhǐ）那个青年。

这位女士也开始从那个盒子里拿饼干吃。她看了看表，同时用眼角的余光（yúguāng）看到那个“偷”饼干的人居然（jūrán）也在做同样的动作。她更生气了，心想：“ ⑶如果 我不是这么有教养的话，早就训斥（xùnchì）这个家伙一顿了。”

她吃一块饼干，他也跟着吃一块。剩下最后一块饼干时，他不太自然地笑了笑，伸手拿起那块饼干，掰（bāi）成两半，给了她一半，自己吃了 ⑷另外 一半。她接过那半块饼干，心想：“这个人真是太没礼貌了！吃了我的饼干，连声谢谢都不说！”

(a)听到登机通知后，她急忙把书塞进包里，拿起行李，直奔登机口，看都没看那个“贼”一眼。

登机后，她从包里拿出书想继续看。突然她愣（lèng）住了，她看见自己的那盒饼干还完好无损地放在包里！现在请求那个青年人原谅已经为时（wéishí）太晚了。她心里非常难过,因为她自己才是那个傲慢（àomàn）无理、没有教养的“贼”。

生活中又何尝（hécháng）不是这样呢？(b)我们总以为事情应该是某种样子，然而后来却发现，事实并不像我们所想象的那样。

等候：動待つ
专心致志：成一意専心，一心不乱である
毫：副少しも，ちっとも。“毫无”は「少しも…していない，いささかも…がない」
顾忌：動気兼ねする，遠慮する
惹事：動やっかいなことを引き起こす
忍：動我慢する
阻止：動阻止する
眼角：名目じり
余光：名横目。“用眼角的余光”は「横目で（かかわらないように）ちらりと…」
居然：形意外にも，なんと，思いがけなく
训斥：動叱責する，叱りつける
家伙：名（軽蔑や冗談の意味を込めて）こやつ，やつ
掰：動（物を）両手で割る，折って2つにする
愣：動あきれかえる，あぜんとする
完好：形完全である，そのまま
为时：動（時間の長短や遅い・早いという観点から）時期・時間を見る。“为时已晚”は「もう遅すぎる」
傲慢：形傲慢である，横柄である
无理：動道理である，理不尽である
何尝：副どうして…であろうか

訳：ある女性が空港で飛行機を待っていたが，何時間かの待ち時間を過ごすために，1箱のビスケットと1冊の本を買い，席を探して座ると一心不乱に本を読み始めた。突然，隣の若い男性が手を伸ばし，何一つはばかることなく2人

の間に置いてある箱の中のビスケットをつかみ取って食べ出したのに気づいた。「彼はなんと一言も言わずにわたしのビスケットを食べているわ！」この女性は非常に憤慨したが，やっかいなことを引き起こしたくなかったので，その青年を制止するのを辛抱した。

この女性もその箱からビスケットを取り出して食べ始めた。彼女がちらっと時計を見たら，同じくそのビスケットを「盗んだ」人もなんと同じ動作をしているのが目の端に入った。彼女はさらに憤慨し，心の中で「もしわたしがそんなに教養を持った者でなかったならば，とっくにこの若者を怒鳴りつけているところだわ」と思った。

彼女が１枚ビスケットを食べると，彼も続いて１枚食べた。最後の１枚のビスケットになったときに，彼は不自然に笑いながら，そのビスケットを取って，両手で２つに割って，彼女に半分を渡し，彼自身はもう一方の半分を食べてしまっていた。彼女はその半分のビスケットを受け取って，「この人は本当に無礼だわ。わたしのビスケットを食べて，ありがとうさえも言わないのだから」と思った。

(a)搭乗案内が聞こえたので，彼女は急いで本をカバンに詰め込んで，荷物を持ち，搭乗口へとまっすぐ走り，その「泥棒」を一目も見なかった。

搭乗後，彼女はカバンから本を取り出して続きを読もうとした。突然彼女は自分のあのビスケットが全くあけられていないままでカバンの中にあるのを見て，あぜんとしてしまった。今や，あの青年に許しを請おうとしてもときすでに遅し。彼女は胸が非常に痛くなった，なぜなら彼女自身こそが傲慢で理不尽で，教養のない「泥棒」であったのだから。

生活の中ではこのようなことがよくあるのではないだろうか。(b)わたしたちはいつも物事はこのようであるべきだと思い込んでいながらも，あとから事実がわたしたちが思っていたものとは違うということにかえって気づいたりする。

(1) 空欄補充

一位女士在机场候机，为了［　　］几个小时的等候时间，她买了一盒饼干、一本书，找了个位子坐下，专心致志地看起书来（ある女性が空港で飛行機を待っていたが，何時間かの待ち時間を過ごすために，１箱のビスケットと１冊の本を買い，席を探して座ると一心不乱に本を読み始めた）

① 打破（dǎpò 動打ち破る）

② 打造（dǎzào 動創造する）

❸ 打发（dǎfa 動〔日・時間を〕過ごす，つぶす，費やす）

④ 打消（dǎxiāo 動取り除く，捨て去る）

ここは，“一位女士在机场候机”（ある女性が空港で飛行機を待っていた）という場面です。空欄の後に“她买了一盒饼干、一本书”（1箱のビスケットと1冊の本を買い）云々とあり，その理由として「数時間の待ち時間をどうこうするために」という文脈です。この文脈に合うのは③の「(時間を) つぶす」です。「待ち時間」を「打ち破る」でも，「創造する」でも「除く」でもないことが分かります。

⑵ 空欄補充

他 ＿＿ 不说一声就吃我的饼干！

（彼はなんと一言も言わずにわたしのビスケットを食べているわ！）

① 果然（guǒrán 副果たして，案の定）

② 虽然（suīrán 接…ではあるけれども）

③ 显然（xiǎnrán 形明らかである）

❹ 竟然（jìngrán 副なんと，意外にも）

空欄のある文の前で，“突然，她发现身旁的一个青年男子伸出手，毫无顾忌地抓起放在两人中间盒子里的饼干吃了起来”（突然，隣の若い男性が手を伸ばし，何一つはばかることなく2人の間に置いてある箱の中のビスケットをつかみ取って食べ出したのに気づいた）とありますから，彼女は驚いていることが分かります。この文には感嘆符もついています。文脈から④の「意外にも」が合います。

⑶ 空欄補充

＿＿ 我不是这么有教养的话，早就训斥这个家伙一顿了（もしわたしがそんなに教養を持った者でなかったならば，とっくにこの若者を怒鳴りつけているところだわ）

❶ 如果（rúguǒ 接もし…ならば…）

② 既然（jìrán 接…である以上）

③ 无论（wúlùn 接…にかかわらず…）

④ 与其（yǔqí 接…というより，むしろ…）

ここは，見知らぬ青年が勝手に自分のビスケットに手を伸ばして食べていると勘違いして憤慨している彼女が心の中で思っていることが述べられている場面です。「理性的に対処できないような無教養であったなら」という仮定が設定されていることが文脈上分かります。文章上も“…的话”を受けているわけですから，①が入ることが分かります。

⑷ 空欄補充

剩下最后一块饼干时，他不太自然地笑了笑，伸手拿起那块饼干，掰（bāi）成两半，给了她一半，自己吃了［　　］一半（最後の1枚のビスケットになったときに，彼は不自然に笑いながら，そのビスケットを取って，両手で2つに割って，彼女に半分を渡し，彼自身はもう一方の半分を食べてしまっていた）

① 其他（qítā 代そのほかの）

❷ 另外（lìngwài 代もう一方の）

③ 别的（biéde 代ほかの，別の）

④ 还是（háishi 副やはり）

最後残っていた1枚のビスケットの「もう一方の」ということを述べています。②が合っています。“另外”は単に「ほかの」（①や③）という意味ではなく，前半で述べられた範囲以外のモノを指して言う語です。

⑸ 内容の一致

① 刚开始时，那位女士并没看到青年男子吃盒子里的饼干。（最初，その女性は若い男性が箱の中のビスケットを食べているのを見ていなかった。）

② 青年男子把盒子里剩的最后一块饼干让给了那位女士。（若い男性は箱の中の最後の1枚のビスケットをその女性にあげた。）

❸ **上飞机后，那位女士才发现自己错怪了那位青年男子。**（飛行機に乗ってから，その女性は自分がその若い男性を間違って責めていたと気づいた。）

④ 那位女士明白事情真相后立刻向那位青年男子道了歉。（その女性はことの真相がはっきりした後すぐにその若い男性に謝った。）

17行目“登机后，她从包里拿出书想继续看。突然她愣住了，她看见自己的那盒饼干还完好无损地放在包里”（搭乗後，彼女はカバンから本を取り出して続きを読もうとした。突然彼女は自分のあのビスケットがまったくあけられていないままにカバンの中にあるのを見て，あぜんとしてしまった）とあることから，③が一致しています。①は3行目に“突然，她发现身旁的一个青年男子伸出手，毫无顾忌地抓起放在两人中间盒子里的饼干吃了起来”（突然，隣の若い男性が手を伸ばし，何一つはばかることなく

2人の間に置いてある箱の中のビスケットをつかみ取って食べ出したのに気づいた）とあることから，②は11行目に“剩下最后一块饼干时，他不太自然地笑了笑，伸手拿起那块饼干，掰成两半，给了她一半”（最後の1枚のビスケットになったときに，彼は不自然に笑いながら，そのビスケットを取って，両手で2つに割って，彼女に半分を渡し）とあり，若い男性も半分を食べたことから，④は18行目に“现在请求那个青年人原谅已经为时太晚了”（今や，あの青年に許しを請おうとしてもときすでに遅し）とあり，女性が若い男性に謝ったとは述べられていないことから，本文の内容と一致していません。

(6) 中文日訳

(a) 听到登机通知后，她急忙把书塞进包里，拿起行李，直奔登机口，看都没看那个“贼”一眼。

搭乗案内が聞こえたので，彼女は急いで本をカバンに詰め込んで，荷物を持ち，搭乗口へとまっすぐ走り，その「泥棒」を一目も見なかった。

“把书塞进包里”は「本をカバンに詰め込む」，“看都没看”は「見ようともしなかった」という意味です。

(b) 我们总以为事情应该是某种样子，然而后来却发现，事实并不像我们所想象的那样。

わたしたちはいつも物事はこのようであるべきだと思い込んでいながらも，あとから事実がわたしたちが思っていたものとは違うということにかえって気づいたりする。

“总以为…”は「いつも…だと思っている」，“然而”は「しかしながら」，“我们所想象的那样”は「わたしたちが思っていたようなもの」という意味です。

5 やや長めの文5題を中国語に訳します。日常で常用の語句，表現を用いて文を組み立てる能力を問います。（各4点）

(1) 高校に通っていた頃，わたしは毎日公園に行ってジョギングをしていました。

上高中的时候，我每天都去公园跑步。

「高校に通っていた頃」は，“上高中的时候”です。「公園に行ってジョギングをしていました」は「“去”＋場所＋動詞」の組み立ての連動文を用います。後の動詞が目的を表す表現です。

⑵ あなたはスキーがどうしてそんなに上手なの？
你滑雪滑得怎么这么好呢？

「スキーが上手」は「スキーをするのが上手」ということですから，程度補語を用います。「スキーをする」は“滑雪”で，“滑”の直後には“雪”がありますから，動詞“滑”を再度用いて，直後に結果や程度を表す補語を導く助詞の“得”を置き，程度補語を補います。「どうしてそんなに…」は，“怎么这么…”です。

⑶ 夏休みになったらあなたはどこかに遊びに行くつもりですか。
放暑假后你打算去哪里玩儿吗？

「…したら」は，“…后”です。疑問詞の“哪里”と文末の“吗”を組み合わせると，「どこかに遊びに行くつもりですか」のように，疑問詞が不定詞になります。“去哪里玩儿”（どこに遊びに行くか）との違いに注意しましょう。

⑷ あそこに行きたい人はとても多いので，航空券はまったく予約できません。
想去那里的人太多了，机票根本订不上。

「とても」という副詞は“太”“非常”などがあります。“太”は文末に“了”をともない，多く讃嘆の意が込められます。「まったく」は“根本”，「予約できない」は，「動詞＋可能補語（否定形）」のかたちの“订不上”を用いるとよいでしょう。

⑸ たとえあなたがわたしに言わなくても，わたしは何が起こったかを知っています。
即使你不告诉我，我也知道发生了什么。

「たとえ…であっても」は，“即使…也”を用います。「起こる」は“发生”を用い，完了の“了”をつけます。

中国語検定試験について

一般財団法人 日本中国語検定協会が実施し，中国語運用能力を認定する試験です。受験資格の制限はありません。また，目や耳，肢体などが不自由な方には特別対応を講じます。中国語検定試験の概要は以下のとおりです。詳しくは後掲（p.91）の日本中国語検定協会のホームページや，協会が発行する「受験案内」をご覧いただくか，協会に直接お問い合わせください。

認定基準と試験内容

準4級	**中国語学習の準備完了** 学習を進めていく上での基礎的知識を身につけていること。 (学習時間 60～120 時間。一般大学の第二外国語における第一年度前期修了，高等学校における第一年度通年履修，中国語専門学校・講習会などにおける半年以上の学習程度。) 基礎単語約 500 語（簡体字を正しく書けること），ピンイン（表音ローマ字）の読み方と綴り方，単文の基本文型，簡単な日常挨拶語約 50～80。
4　級	**中国語の基礎をマスター** 平易な中国語を聞き，話すことができること。 (学習時間 120～200 時間。一般大学の第二外国語における第一年度履修程度。) 単語の意味，漢字のピンイン（表音ローマ字）への表記がえ，ピンインの漢字への表記がえ，常用語 500～1,000 による中国語単文の日本語訳と日本語の中国語訳。
3　級	**自力で応用力を養いうる能力の保証（一般的事項のマスター）** 基本的な文章を読み，書くことができること。 簡単な日常会話ができること。 (学習時間 200～300 時間。一般大学の第二外国語における第二年度履修程度。) 単語の意味，漢字のピンイン（表音ローマ字）への表記がえ，ピンインの漢字への表記がえ，常用語 1,000～2,000 による中国語複文の日本語訳と日本語の中国語訳。
2　級	**実務能力の基礎づくり完成の保証** 複文を含むやや高度な中国語の文章を読み，３級程度の文章を書くことができること。 日常的な話題での会話が行えること。 単語・熟語・慣用句の日本語訳・中国語訳，多音語・軽声の問題，語句の用法の誤り指摘，100～300 字程度の文章の日本語訳・中国語訳。

準1級	**実務に即従事しうる能力の保証（全般的事項のマスター）** 社会生活に必要な中国語を基本的に習得し，通常の文章の中国語訳・日本語訳，簡単な通訳ができること。 （一次）新聞・雑誌・文学作品・実用文などやや難度の高い文章の日本語訳・中国語訳。 （二次）簡単な日常会話と口頭での中文日訳及び日文中訳など。
1　級	**高いレベルで中国語を駆使しうる能力の保証** 高度な読解力・表現力を有し，複雑な中国語及び日本語（例えば挨拶・講演・会議・会談など）の翻訳・通訳ができること。 （一次）時事用語も含む難度の高い文章の日本語訳・中国語訳。熟語・慣用句などを含む総合問題。 （二次）日本語と中国語の逐次通訳。

日程と時間割

準4級，4級，3級，2級及び準1級の一次試験は3月，6月，11月の第4日曜日の年3回，1級の一次試験は11月の第4日曜日の年1回実施します。

一次試験は次の時間割で実施し，午前の級と午後の級は併願できます。

午　前			午　後		
級	集合時間	終了予定時間	級	集合時間	終了予定時間
準4級	10:00	11:15	4　級	13:30	15:25
3　級		11:55	2　級		15:45
準1級		12:15	1　級		15:45

準1級と1級の二次試験は，一次試験合格者を対象に，一次が3月，6月の場合は5週間後，一次が11月の場合は1月の第2日曜日に実施します。（協会ホームページに日程掲載。）

受験会場

全国主要都市に42か所，海外は北京，上海，台北，シンガポールの4か所を予定しています（2020年5月現在）。二次試験は，準1級を東京と大阪，1級を東京で実施します。ただし，受験者多数の場合，上海でも実施することがあります。

受験申込

郵送かインターネットで申込みます。受験料は次のとおりです。

級	郵送による申込	インターネットによる申込
準4級	3,200円	3,000円
4　級	4,200円	4,000円
3　級	5,200円	5,000円
2　級	7,200円	7,000円
準1級	8,700円	8,500円
1　級	9,700円	9,500円

（2020年5月現在）

出題・解答の方式，配点，合格基準点

級	種類	方式	配点	合格基準点
準4級	リスニング	選択式	50点	60点
	筆　記	選択式・記述式	50点	
4　級	リスニング	選択式	100点	60点
	筆　記	選択式・記述式	100点	60点
3　級	リスニング	選択式	100点	65点
	筆　記	選択式・記述式	100点	65点
2　級	リスニング	選択式	100点	70点
	筆　記	選択式・記述式	100点	70点
準1級	リスニング	選択式・記述式	100点	75点
	筆　記	選択式・記述式	100点	75点
1　級	リスニング	選択式・記述式	100点	85点
	筆　記	選択式・記述式	100点	85点

・解答は，マークシートによる選択式及び一部記述式を取り入れています。また，録音によるリスニングを課し，特に準１級・１級にはリスニングによる書き取りを課しています。

・記述式の解答は，簡体字の使用を原則としますが，２級以上は特に指定された場合を除き，簡体字未習者の繁体字の使用は妨げません。但し，字体の混用は減点の対象となります。
・４級～１級は，リスニング・筆記ともに合格基準点に達していないと合格できません。準４級は合格基準点に達していてもリスニング試験を受けていないと不合格となります。
・合格基準点は，難易度を考慮して調整されることがあります。

二次試験内容

準１級は，面接委員との簡単な日常会話，口頭での中文日訳と日文中訳，指定されたテーマについての口述の３つの試験を行い，全体を通しての発音・イントネーション及び語彙・文法の運用能力の総合的な判定を行います。10～15分程度。合格基準点は75点／100点

１級は，面接委員が読む中国語長文の日本語訳と，日本語長文の中国語訳の２つの試験を行います。20～30分程度。合格基準点は各85点／100点

一般財団法人 日本中国語検定協会
〒103-8468　東京都中央区東日本橋2-28-5協和ビル
Tel：０３－５８４６－９７５１
Fax：０３－５８４６－９７５２
ホームページ：http://www.chuken.gr.jp
E-mail：info@chuken.gr.jp

試験結果データ（2019年度実施分）

L：リスニング　W：筆記　口試1：中文日訳　口試2：日文中訳

第98回	準4級	4級	3級	2級	準1級	準1級二次	1級一次	1級二次
		L / W	L / W	L / W	L / W	口試	L / W	口試1/口試2
合格基準点	60	60(55)/60(55)	65(60)/65(60)	70/70(65)	75/75(70)	75	－	－
平均点	70.6	58.2/67.7	64.3/63.2	67.7/60.3	67.2/59.5	88.2	－	－
志願者数	1,992	2,619	2,758	1,481	491	91	－	－
受験者数	1,812	2,263	2,423	1,339	445	79	－	－
合格者数	1,425	1,210	1,115	437	90	73	－	－
合格率	78.6%	53.5%	46.0%	32.6%	20.2%	92.4%	－	－

第99回	準4級	4級	3級	2級	準1級一次	準1級二次	1級一次	1級二次
		L / W	L / W	L / W	L / W	口試	L / W	口試1/口試2
合格基準点	60	60/60	65(55)/65(55)	70(65)/70(65)	75(70)/75(70)	75	85/85	85/85
平均点	70.6	64.8/69.4	54.0/61.5	64.5/59.1	62.7/57.8	89.5	72.6/66.1	89.1/84.4
志願者数	3,525	3,836	3,392	1,895	469	81	259	17
受験者数	3,235	3,387	2,933	1,715	407	72	241	17
合格者数	2,526	1,953	1,238	540	70	70	16	11
合格率	78.1%	57.7%	42.2%	31.5%	17.2%	97.2%	6.6%	64.7%

※　（二次）志願者数には，一次試験免除者を含みます。

※　合格基準点欄（　）内の数字は，難易度を考慮して当該回のみ適用された基準点です。

編集協力：中国文庫㈱　　カバーデザイン：トミタ制作室

音声ダウンロード

中検２級試験問題 2020［第98・99回］解答と解説

2020 年 5 月 22 日　初版印刷
2020 年 5 月 28 日　初版発行

編　者　一般財団法人 日本中国語検定協会
発行者　佐藤康夫
発行所　白 帝 社

〒171-0014　東京都豊島区池袋 2-65-1
TEL 03-3986-3271　FAX 03-3986-3272
info@hakuteisha.co.jp　http://www.hakuteisha.co.jp/

印刷 倉敷印刷（株）／製本 ㈱ティーケー出版印刷

Printed in Japan　〈検印省略〉　6914　ISBN978-4-86398-386-1

＊定価はカバーに表示してあります。

D 第　　回 2級 解答用紙 リスニング・筆記 1 2 3 4

受験番号							
会場							
氏名							

記入例

良い例	悪い例
▬	

小さすぎたり，はみだしたり，うすすぎたりしないように。

マーク欄全体を塗りつぶしてください。

リスニング

1

(1)	1	2	3	4
(2)	1	2	3	4
(3)	1	2	3	4
(4)	1	2	3	4
(5)	1	2	3	4
(6)	1	2	3	4
(7)	1	2	3	4
(8)	1	2	3	4
(9)	1	2	3	4
(10)	1	2	3	4

2

(1)	1	2	3	4
(2)	1	2	3	4
(3)	1	2	3	4
(4)	1	2	3	4
(5)	1	2	3	4
(6)	1	2	3	4
(7)	1	2	3	4
(8)	1	2	3	4
(9)	1	2	3	4
(10)	1	2	3	4

筆記

1

(1)	1	2	3	4
(2)	1	2	3	4
(3)	1	2	3	4
(4)	1	2	3	4
(5)	1	2	3	4
(6)	1	2	3	4
(7)	1	2	3	4
(8)	1	2	3	4
(9)	1	2	3	4
(10)	1	2	3	4

2

(1)	1	2	3	4
(2)	1	2	3	4
(3)	1	2	3	4
(4)	1	2	3	4
(5)	1	2	3	4
(6)	1	2	3	4
(7)	1	2	3	4
(8)	1	2	3	4
(9)	1	2	3	4
(10)	1	2	3	4

3

(1)	1	2	3	4
(2)	1	2	3	4
(3)	1	2	3	4
(4)	1	2	3	4
(5)	1	2	3	4
(6)	1	2	3	4
(7)	1	2	3	4
(8)	1	2	3	4
(9)	1	2	3	4
(10)	1	2	3	4

4

(1)	1	2	3	4
(2)	1	2	3	4
(3)	1	2	3	4
(4)	1	2	3	4
(5)	1	2	3	4

4

(6)		点数
	a	
	b	

E　第　　　回　2級　解答用紙　　　　筆記 5

受験番号							
会場							
氏名							

5

		点数
(1)		
(2)		
(3)		
(4)		
(5)		